U0041994

寫給凡夫俗子的地區再生入門

地元がヤバい…と思ったら読む凡人のための地域再生入門

20年實證經驗，122個地方創生關鍵詞，
擺脫寄生政府、再造故鄉價值的教戰法則

木下齊

林書嫻——譯

本書是將連載於《週刊 DIAMOND》（週刊ダイヤモンド，二〇一八年二月二十四日號～二〇一八年九月一日號）的「沒有閉門商店的一天」（シャッターがなくなる日），大幅改寫、潤飾後集結成書。

作者木下齊先生，一改過去出版作品的論述方式，利用一位在東京上班的返鄉人為第一人稱寫作，以小說的形式帶出地方創生的歷程與問題，同時也像位過來人，循循道來從零到有的努力與奮鬥的故事。要找到對的合作夥伴，不要接受公部門的補助，有想法馬上行動，失敗是下一個成功的基石等……，在其他書籍一再出現的觀點，透過小說形式更加嵌入人心。末文的文筆充滿對於未來城鎮再度復興的信心，呼籲更多人投入自己家鄉的振興，這也是每個仍在自己崗位上堅持的人共同的想望。

——**王耀東**　社區規劃師、華梵大學建築系講師

因為平凡才能體察那微小事物的脆弱與美好，因為平凡才能體會那日常生活的順遂與挫折，因為平凡才能體認那生命的本質與可能性。這是一本誠實、真切的地區再生之書，召喚著所有迎向未知挑戰的平凡人，「因為平凡才得以改變地區」。

——**李取中**　《大誌雜誌》《The Affairs 週刊編集》總編輯

拜讀完「木下齊」先生的《寫給凡夫俗子的地區再生入門》一書之後，對於書中所表達的務實觀點，具有相當大的啟發與感觸。我想，「地方創生」是一件充滿想像與挑戰的發展道路，因此，我們需要更多臺日之間，創造更多豐富的交流與合作的機會，透過本書所傳達的經驗與視野中，重新省思臺灣社會未來的發展樣貌，更是一件值得慶幸與充滿感恩的事情。

——**何培鈞**　小鎮文創創辦人

任意地翻閱手上這本新書，腦海裡也再度浮現在去年與AIA木下齊先生一行在日本（三月）及臺灣（九月）的兩地地方團隊拜訪之旅。

這是一本有意思的書，結集木下過去二十年在日本投入街區活化的實戰經驗，將所見所聞所感，透過小說的形式，讓整個經驗能化整為零的濃縮於一冊中，緊湊的劇情內容，清晰的刻畫出在地行動中，所需面對的現實與無奈，讓人能身歷其境，更能不時跳脫出來，從前車之鑑當中，建構思索未來迎向創生時代，應具備的策略及智慧。

關於書中的一切，對於過往五年往來於全臺各地進行地域實踐倡議及顧問工作的我一點都不陌生，而也再一度驗證我所深信的，地方創生的背後，需要的是具有破壞式創新的思維及做法，行動中不忘自發性、危機感及創造力，並懷抱著二宮尊德所信奉的「積小為大」的思維，如此一來，創生絕對會成功！

——**林承毅**　林事務所執行長、政治大學兼任講師

羅馬的改變不是一天所造成！面對青年返鄉推動地方創生的結構性問題，如何突破，紮實案例的經驗分享與學習極為重要。作者透過實例指出：鄉村地區的創業者，除了必須盤點地方資產，更要有自立營運的決心、面對失敗的勇氣、連結共同信念社群的能力，以及以實踐為前提開展各類互助的行動，才能為地方帶來活力與改變。書末更提醒大家必須關注地方教育與延續地方活力的關連性。

總之，這是一本開拓我們創造地方生機視野與方法的書籍。

——**張力亞**　國立暨南國際大學通識教育中心助理教授兼水沙連人社中心協力治理組組長

人口逐漸減少的小鎮，如何發展出小鎮特色的高附加價值產業，為小鎮帶來生機，成為許多地方創生行動者所關注的重點。作者用他在日本二十年的經驗，提醒每一位地方創生行動者，「不要忽視積小為大的行動力」，如何善用自己的小行動，在地方產生大效應，是每一位有志投入地方創生行動者所要學習的重點。讓我們跟著作者的腳步，一起學習日本地方的小行動、大效應！

——**梁鎧麟**　國立暨南國際大學社會政策與社會工作學系助理教授

在地方創生風潮中，諸多故事、諸多人物、諸多論述，都搭配著真實的行動持續增長著，在諸多名不見經傳的小地方上演著……。在諸多論述中，木下齊一向是最特別的。他面對政策，卻告訴大家政府補助是毒藥，千萬小心。他看似脫離主流，卻又是最務實的，所以強調「倒算回去」（逆算）！而這本書也如其人，看似輕描淡寫的故事，卻直指地方創生的政策盲點和一般人的誤解。它有故事、有漫畫、有點評，入門者可以看熱鬧，行動者能體會門道，政策擬定者呢？好好參考，一定有收穫！

——**曾旭正**　國家發展委員會前副主任委員、台南藝術大學建築藝術研究所教授

「永遠都不會有好事情發生，除非有人開始做好事情」

這是一本非常直白的小說，是一本赤裸裸地揭露地區營造過程中，許多真實問題與眾多迷思的小說，

故事雖然是虛構的，情節卻是百分之百真實的，不斷地重複發生在社區營造或地方創生的現場。面對這些眼前的種種難關，主角們要如何克服？如何分辨是非、找到真正的夥伴？一起共同行動來振興自己的故鄉？看似非常艱難的任務，在小說故事進行中，作者適時以注釋和專欄的解說，協助讀者看清問題的真相，並提示了成功的訣竅，這些實戰經驗，是長年針對日本政府的地方創生政策提出犀利批判的木下齊先生，累積了二十年的地區營造與創設事業的精華，只要有過地區營造實際經驗的朋友，讀起來一定相當過癮。

本書是給許多人當頭棒喝的一本書，同時也是給許多正在偏鄉奮鬥的返鄉青年、回鄉照顧父母而重新認識故鄉的年輕人、努力要使自己的故鄉變得更好的行動者們，提供更多勇氣並激勵人心的一本書。面對人口減少、高齡少子化的時代，成熟的市民社會，需要的不應該是抱怨，而是建構在更多從自身行動出發的市民身上！你我都是凡夫俗子，只要踏出第一步，便有機會成為明日的英雄！

——**蘇睿弼**　東海大學建築系助理教授、中區再生基地發起人、中城再生文化協會理事長

臺灣版專文

我在日本全國各地的鄉鎮市創設事業已有二十年歷史，本書正是以這期間發生的各種變化，以及正在各地發生的創業過程等的實際經驗和資訊為基礎撰寫而成。將它們串連成章就變成虛構的故事，但其中的每一事件都是事實。

即便是從一九九〇年代起算的二十年間，日本的大都市與鄉鎮市的關係也產生極大轉變，在後者這些地區創業的方式有了巨變。也就是說，在在地再生、地方創生等領域，並沒有固定解答，總是在變化與進化。政策術語同樣一再轉變，地方再生、市中心區活化、地方創生等等。

個人的著書在臺灣翻譯出版是起自二〇一七年，臺灣更在二〇一九年開始推動地方創生相關政策，我也因此造訪過臺灣好幾次。去年九月，我花了十天以上的時間巡迴臺灣，參訪了在各地形形色色的行動。實際看過並與實踐者對話後，我發現臺灣與日本有共通之處，也有許多不同的地方，真切感受到有日本較先進之處，臺灣則更存在著具野心的行動。

本文將整理在書中並未提及的，臺日地方創生的共通與迥異之處。

木下齊

【目次】

臺日都有著依附補助金的惡性循環

尤其是在本書中也曾提及，鄉鎮市依附國家等援助的社會結構，無論臺日都相同。臺灣同樣在各地的專案、事業中，有百分之百由民間獨力投資的，也存在許多不靠政府援助就難以維持的。反覆使用公部門預算舉辦活動，導致主辦方疲憊不堪，也曾聽有些人說今年做完就不做了。這種常見於日本的情景，在臺灣也相同。

結果就是在地方創生的領域中，比起積極挑戰由自己賺錢，更多人爭先恐後盡量爭取公部門援助。導致鄉鎮市總是受政府援助制度的變更擺佈，無法靠自己形成能獨立運作的經濟活動、改善就業環境等，陷入人口持續向都市集中這樣的惡性循環。

日本的小城鎮也是在近二十年間，出現眾多接受公部門援助的開發案，它們之中有不少最終倒閉，也有許多需由地方政府收拾殘局，更加劇該地的衰敗速度。雖然公部門的援助方式有問題，但反過來說，萬事都企求政府援助，沒有靠自己賺錢這般覺悟的鄉鎮市，問題也相當大。

地方創生的補助金會澆熄人們的自立精神，讓他們變成不斷向公部門索求接下來的援助，補助金帶有強烈像毒品般的作用。鄉鎮市需要的不是源源不絕填補不足的補助金，而是能憑自己的力量盈利的產業。

人少卻擁有能盈利產業的鄉鎮市強過都市地區

鄉鎮市需要的是如何創造「即便人口稀少還是能盈利的高附加價值產業」。經歷過工業化後衰敗的歐洲城鎮中，有不少平均所得高過首都的地區。

舉例來說，法國平均所得最高的地區之一——艾貝內（Épernay），是盛產香檳、人口僅兩萬三千人的農業城市。儘管人口稀少，卻聚集了農產加工業的總公司，生產從地區之外、甚至海外都有需求的香檳獲利。就算是農業，如果能以葡萄酒、乳酪等高附加價值的加工產品創造競爭力，就連全球市場都有機會參與，也極可能變得比都市地區更豐饒。

西班牙平均所得最高的地區，是鄰接西法邊境的巴斯克地區（Euskal Herria）。曾因工業繁榮一時，其後卻沒落的畢爾包，如今古根漢美術館、舊城區等搖身一變成為大受歡迎的觀光景點；聖塞巴斯提安（San Sebastián）是人均米其林餐廳數量最多的觀光勝地。對別墅的需求也相當興旺，每到度假時節都有許多來自周邊國家的人客居當地。而巴斯克地區擁有高平均所得的原因不只是具備這些吸引力，它還有著強而有力的勞工組織。巴斯克地區的超市、家電、各式服務產業之企業群聚，由勞工出資以合作社方式擁有企業，目前數量已經超過三千。如此一來，勞工與經營者間的所得差距得以縮小，並將所得分享給廣大市民，提升了平均所得水準。

日本也有類似案例，如人口僅兩千七百人的北海道猿払村，雖位處邊陲，但在集中致力於高附加價值的干貝養殖後，其平均所得如今甚至名列全國前五之列。這可說是公部門、漁會通力創造產業的結果。

有能靠自己盈利的產業的地區變得豐饒理所當然，而且比起首都所在區域，坐擁農林漁業、美麗風景的鄉鎮市有更多機會。

臺灣地方創生的先進之處在於「在地×創意」、「活用道路」及「民間企業的活力」

臺灣與日本的地方創生之中，臺灣遠勝過日本的是將文化、藝術領域結合在地再生。特別是將日治時期的建物巧妙翻修後，在其中經營各式各樣的事業，甚至能說大幅優於日本了。

再者是道路等公共空間的運用。臺灣仍相當程度保留在日本消失已久的夜市等，到今天仍根植在人們的生活之中。日本現在也終於重新審視攤商等的魅力，轉變成再次思考道路除了用來移動外的功能的時代。但在臺灣各地都有著夜市或許多平日就使用道路經營的形形色色店家。它們創造出街區的活力是顯而易見的事實。我認為我們應該向臺灣重新學習街區裡的攤商、小店聚集的方式。

此外，在地企業積極參與推動在地事業這一點也比日本進步。與日本相較，臺灣的財經界人士有更多年輕的經營者，歷史較短的企業亦相當多。我發現這些企業有不少會將資金挹注於各地的再生事業，比光會寄生公部門的日本鄉鎮市，讓人更感受到臺灣在地經濟界強大的力量。

日本從明治到昭和初期，出現了相當多元的在地企業並加以發展。那樣的時代裡，有眾多實力堅強、對在地活化有貢獻的在地企業創辦人。例如著名企業家大原孫三郎，他在日本紡織業群聚的岡山縣倉敷市，創造從倉敷紡績、庫拉雷（Kuraray）等紡織業公司到金融業的中國銀行等，支撐起在地產業。他除了追求自家周邊的景觀協調，也積極收藏印象派畫作，開設了大原美術館。當時是印象派等還被視為正在嶄露頭角的現代藝術，地位仍未有定論的時代，據說那時當地沒有任何人理解他。如今大原藏品被視為全球頂尖的印象派收藏之一，有來自世界各地的觀光客造訪。據聞就連在太平洋戰爭時，美軍也因為知道有這些畫作收藏，而未集中空襲該處。

日本在約莫一百年前，全國各地都像這樣由在地經營者積極投資當地，並非一切都只匯聚到東京，各色各樣的機能被分散在鄉鎮市各地。我在臺灣感覺到的是，即便說所有都只匯聚到臺北，但來到其他城鎮，仍有為數不少創業者以自有資金或設立財團法人，企圖挑戰對在地再生做出貢獻，這正是今日日本所欠缺的。

請尊重從一小步開始改變在地的「積小為大」

無論在臺灣或日本，同樣有那些思索著「想讓家鄉變得更好」的在地年輕人站出來，他們勇於創業，即便規模不大，一步步創造成果逐漸成長，許多時候最終就會讓地區逐步改變。

由公部門領軍忽地藉由發起龐大計畫來改變在地，在人口急速增加的時代效果絕佳，但在人口減少，即使人不多也需在各地有多元發展的時代，這類同質性高的公部門計畫反而會在鄉鎮市製造出多餘的龐然大物，可能扼殺當地。因為大型計畫失敗時造成的影響也過分巨大。

反過來說，規模不大的事業雖然單一的影響力有限，但讓它們在失敗時不會變成地區的致命傷。這樣一步一步累積，創造出成果的連串式做法，才能在今後的時代不過於偏離軌道，確實創造出成果。

日本在江戶後期有位評價極高的歷史人物——二宮尊德，他在當時促成六百座農村的再生。二宮曾說過「積小為大」，就像字面所示，是指累積小事成就大事。能成事的人不會看輕任一小事，謹慎以對確實累積。但那些成不了事的人只會說大話，對小事隨便。

雖然有著遠大願景很好，但地方創生真正需要的是，每日耕作一方小農地、生產附加價值高的新商品、翻修閒置建物賦予新用途等，唯有累積這些小小的努力，一點一滴賺錢，才能有所成就。要讓衰敗地區獲得新的活力，許多時候需要跟衰敗同樣的時間。不投入須花費的時間，只想靠一次行動就扭轉活化，反而可能讓在地疲憊不堪。

日本也終於注意到不是以那類過於沉重的大型開發來活化，重要的是雖小卻是由年輕人不斷挑戰來讓事業茁壯。在各種政策上也開始使用我先前於地方創生政策就在提倡的「賺錢」一詞。雖說如此，實際上還差很遠，今後必須逐步累積成果，一切正是積小為大。

希望臺灣的地方創生也務必能以積小為大的精神，讓一地具有的可能性浮上檯面，並且重要的是不要忘記目標是建立起獨立自主的經濟活動。

本書是為挑戰者聲援

日本的鄉鎮市能夠積極學習臺灣先進的做法，日本也就我們有益的做法向臺灣的各位傳達其中的教訓，期待今後能夠如此互相交流知識和人才等。我們是在歷史上也關係深遠的鄰國，我認為現在的時代已進化到超越國對國的關係，轉向尋求在地與在地的關係。

本書的舞臺是在日本，以曾前往東京生活、出生於鄉鎮市的青年，為了活化老家所在地區，而與夥伴一同挑戰的故事。我想臺灣也有許多人，就算去了臺北、國外，仍心繫家鄉，如果你們能閱

序章：因為平凡才得以改變地區

從我高一時因投入振興商店街的活動，一腳踏入「地區營造」的世界，很快就過了二十年。在各地從事各種工作的經驗中，我想我也經歷了許多未浮上檯面的「現實」。

原本發展相當蓬勃的活動，最後卻因主辦者疲憊不堪而中止的案例。複雜的人際關係、憂心未來等導致團隊四分五裂的案例。被媒體奉為成功案例而無法示弱，誇大事實編造故事、與第一線工作人員衍生嫌隙，被罪惡感淹沒的案例。

因為是與人直接面對面的工作，無論身處何處都會有失敗、挫折，唯有在浮沉之中不被打倒、持續前行，才能堅持至今。這就是「地區營造」的現實。

那麼，該如何在這樣的環境下成功呢？雖然聽起來是歪理，但我不斷宣揚，因為是處理人與人關係的工作，所以「邏輯」甚為重要。

媒體總是呈現鄉鎮市美好的一面，宣揚一些「返鄉、移居青年奮鬥成功的故事」、「老人手牽手同心協力的溫馨佳話」。現實中卻總是各種欲望波濤洶湧，有試圖推翻新作為的在地權貴、嫉妒他人成功的居民、單靠補助金資訊過活徒有虛名的顧問、企圖將功勞占為己有靠攏過來的官員等等。即便處於這樣的環境，不，應該說正因為處於這種狀況，能堅持貫徹經營邏輯者才得以存活，這是我這二十年間的親身感受。此外，我認為應該要將這樣的「邏輯」推及各地的夥伴，才會從以前到現在撰寫了多本書籍。

其中還有一件重要無比的事我尚未傳達，那是在某地開創事業時極其關鍵的——「情感」，也就是懂得人情。在以邏輯撰述的經營之道書籍中，總是忽略局中人彼此的情感衝突、經營管理上的壓力等等，還有更重要的是不被這些打倒能繼續前行者的「不屈不撓」。我以小說形式寫下在大都市外地區開創事業的現實，以便能同時傳達相輔相成的邏輯與情感。

常言道，成功之道千變萬化，失敗卻有著共通「陷阱」，這些平常難以完整傳達的「陷阱」，本書將鉅細靡遺地描寫，希望各位務必當作他山之石加以參考。

雖然先行提起顯得有些失禮，以下兩點是我期待各位能從書中讀懂的。

其一是「再怎麼等待也不會有超人降臨家鄉」。

貌似成功的在地領袖有時看起來就像是超人，而且常聽到這樣的發言：「要是我們這邊也有像那樣厲害的領導者就好了」，但那不過是場誤會。

成功事業的領袖形象只是表面假象，背後是在工作、私生活中遭逢各種麻煩，有時甚至會想棄事業不顧逃走，渺小而力量微弱的血肉之軀。即便現在看起來堅強，年輕時也應曾歷經種種失敗，有著倘若是普通人就會從此一蹶不振的經驗。單靠一位萬能的超人就能有一番成績、改變地區這種事，無論在你的家鄉或其他地方都不會發生。

更重要的是，一地根本不需要超人。找到能各自發揮長處的「好夥伴」，縱使平淡仍持續推動事業，就能確實累積成果。最初只要兩三人組成的團隊已足夠，與核心成員夥伴一同堅持不懈，不知不覺就能跨越一地，在全國、海外都擁有同伴，人生因而變得豐富，該地區也能擁有新的活力。

「要是我們這邊也有些觀光資源就好了」、「如果來我們這裡的交通更方便的話」這種聲音，同樣都是伸手牌。家鄉不僅不會有超人降臨，也不會突然湧出優質溫泉或找到隱藏密寶。不同地區的前途是走向光明或黑暗，只在於有沒有在缺乏人力、物力、財力的艱辛狀況下，仍不退縮向前跨出步伐的「凡人」。更進一步地說，現正衰敗的地區，在過去漫長的歷史中必然曾因誰而繁榮過。歷史上不存在淨是些什麼都不做、只會抱怨的人們所處地區能有榮景的例子。

其二是「所有地區都能夠立即『開始』」。

沒有不斷成功的地區，更多是歷經幾度失敗仍不放棄，努力將經營維持在不破產的範圍內遏止失敗，依時機改變做法推動，才讓事業成功的。只不過媒體總是擷取簡明易瞭的部分，讓外界看來從頭到尾都很順利。

所以最重要的是拋棄「能不能一舉成功」的想法，先試著踏出第一步。

不是從什麼單位那裡拿到補助，而是用我們自己能夠拿出來的自有資金，來挑戰我們認為正確的事（才沒有用別人的錢來挑戰自己想做的這般好事）。因為責任在於自己，能夠一發現錯誤就馬上修正而不斷前進。

最糟糕的一種是用別人的資金，永遠只會開讀書會、舉辦工作坊而不實際推動事業。就算一直討論做什麼才會成功、怎麼做才會成功、誰來做會成功，還是永遠懵然無知。也就是說，不坐上腳踏車的人永遠不會騎。

先藉自己的手開始從事自己想做的事，無論在境況如何淒慘的地區都可能開始。接著，將那些多少會歷經的失敗視為教訓，只有起頭了的地區最終才能獲得成功。

我不喜歡客套，所以無法說出「未來總有誰會來幫助我們」、「費時思考的話必定會順利」、「努力就會有回報」之類漂亮話。讀到這裡或許會有讀者惴惴不安：「我沒有犧牲奉獻換取成功的決心」、「我應該還是不行」等。但其實我原本對地區活化毫無興趣，更何況原先在小學低年級時，連造訪朋友家、在班上舉手發言、跟初次見面的大人說話都做不到，個性極度怕生。雖然後來長大有了主見，但高中時投入商店街活動、甚至在商店街經營起公司，我可明白告訴大家，這一切都是「偶然」。

我經歷了無數的失敗與困難，從最初因為不熟悉的工作造成的壓力得了圓形禿，因為自己的不成熟在股東大會激怒股東最後退下社長之位，投資事業的相關人士夜半潛逃，一心為當地所需設立新事業卻被倒帳，遭批評「這等小夥子能成什麼事？」，擅自用了我的點子卻被拒於門外等等。

因此，我才會刻意把本書主角的背景設定為「只會做公司交代的事，消極的都市上班族」。實際上，在各地受到矚目的「英雄」之中，不乏歷經數度失敗得以成長之前非常不起眼的例子。換言之，明日的英雄是今日的「凡人」。

想改變衰敗地區絕非易事，但並非不容易才讓成功者僅是少數。反倒是那些過著平凡日子的「凡人」才不會裝模作樣，即便失敗仍能接受事實，不看輕小事，一點一滴累積，創造出利益也不會變得貪心而能持續。平凡本身就是長處。

這樣一個隨處都可能發生的故事，如果能多增加一位踏出第一小步的人，將是我最大的喜悅。

最後，我想說明本書雖是小說形式，但為了能在實際上發揮作用，我費了一番心力撰寫注釋與專欄。如果各位讀者能比其他書籍更加精讀本書，將是我的榮幸。這些「附錄」可能某種程度上妨礙故事的進展，但本書總歸是一本為實踐而寫的著作，希望諸位包涵。

佐田隆二

Ryuji Sada

三十三歲

與瀨戶從同一所高中畢業後並未升學，而是到餐飲店當學徒。繼承家業後，目前在家鄉共經營了五家店，每家店都蒸蒸日上。處事立場分明，具男子氣概，受許多後輩仰慕，但對當地老一輩來說卻是不聽話的麻煩製造者。

瀨戶淳

Atsushi Seto

三十三歲

高中畢業即赴東京生活，大學畢業後在中型製造商就業。即使對每日忙著在公司內相互協商的生活感到疑惑，也沒其他想做的事。不特別引人注意的類型，有著容易隨波逐流的一面，個性不會強烈表達意見而不容易被討厭。老家在家鄉做生意，父親已過世，目前由母親獨力支撐店鋪。

森本祐介

Yusuke Morimoto

三十三歲

與瀨戶從同一所高中畢業後，進當地的國立大學就讀。其後通過地方公務人員考試，進入市公所就職。自傲於處世圓滿。雖然體察上意度日，但有著想成就一番大事的野心，數度拖瀨戶等人下水。

鹿內宏

Hiroshi Shikauchi

五十一歲

身為政府官員，過去一直不受重視，直到升任課長因新的補助金政策，深入鄉鎮市的政治家之境，博得好評。目標是更上一層樓，正全力以赴。有著扭曲的正義感，認為「地方應受中央指導」。

瀨戶聖子

Seiko Seto

五十八歲

淳的母親。與兒子就像對照組一樣，天性開朗。丈夫死後，在顧客、往來廠商的幫助下得以不關門繼續經營店鋪。但感覺體力已達極限，思考往後人生後決定結束商店營業。

田邊翔

Sho Tanabe

三十一歲

藝術大學畢業後在東京的中型廣告代理商工作。返鄉後曾做過免費小報的廣告業務等。原本就是佐田的酒友，總之個性相當隨和，人面廣。但工作上有著源源不絕、創意洋溢的點子。

前言

故事的舞臺位在距離東京搭乘新幹線一小時後，要再轉搭鐵路二十分鐘，人口約莫五萬的小城市。主角瀨戶淳直到高中畢業為止，都在該地生活成長。

淳在東京唸大學，畢業後順勢在東京的中型製造商就職。他已離鄉十年，最近一年有返鄉一次就算好的了。

淳的父親原在當地的商店街經營一家零售店，五年前過世，商店由淳的母親聖子接手。某天，聖子突然說想把店和住家都賣掉，之後要享受時而跟朋友去旅行的退休生活。

淳家的店所在的商店街早已一片蕭條，處處拉下鐵捲門關店，呈現受到少子高齡化、人口減少等影響的小城市典型樣貌。不只是淳家的商店，長年經營的店鋪走向歇業尋常可見。

聖子表示「搞不懂這些複雜的事情」，淳因而往返東京與故鄉，代替聖子忙於處理歇業手續、出售不動產等「整理老家」的工作，期間與高中時代的朋友再次聚首。

因為朋友們的關係，淳開始面對故鄉被棄之不顧的現實，過程中思考起「自己的未來」和「故鄉的未來」。一邊是了無意義的東京的工作，另一邊是活躍在曾以為「沒有工作機會」的故鄉中的佐田可靠的樣子。淳心想，就這樣把老家賣掉，繼續在東京當上班族，真的是對的嗎？

最終，淳的「整理老家問題」朝著意想不到的方向開展，串接閉門商店街的復甦，甚至推向地區整體的再生。

目次

第三章 被放棄的地方

第四章　批判者的虛張聲勢

第五章　賺來的錢、被給的錢

終章　交棒給新人，用新方法開創新事物

第一章　歡迎來到閉門商店街

老爸在五年前去世了。接到消息時，我只想著終於過世了啊，自己都驚訝居然沒太多感傷。

對一直忙於店裡生意的老爸，我甚少有跟他一起度過的記憶。無論跟他說什麼，他總是只會回「啊啊」、「這樣啊」之類，跟性格內向的我的對話總是很快結束。相反地，母親是話很多、精力充沛自發採取行動的類型。當了許久的單身貴族，過去似乎還有段相當荒唐的歲月，不知為何最後卻跟沉默寡言、有著匠人氛圍的老爸相親結婚。本人說是因為同情，但對小孩來說真是相當不可思議的一對夫妻。

「難得是你爸努力做到現在的老店，我會盡我所能。你看，店就好像是我顧到現在的啊。沒問題的，船到橋頭自然直。」

母親講完這些之後，還是不斷重複你只要顧好自己就好。雖說我總算是可以靠自己過活，但對她來說，看起來不可靠的我比店更需要擔心吧。

那般強健的母親，也終於到了體弱力衰的時刻了嗎？想起來，這是理所當然的。老家店鋪所在的商店街從外觀就已一片寂寥，我明白在那裡早就難以繼續經營。還能撐下去，只是因為有合作已久的顧客，而且不必繳房租。

我家原本是供應食材給餐飲店的盤商，大概十五年前開始納入增多的老人之家、銀髮住宅等新顧客，讓店還能經營下去，但附近沒有固定顧客的零售店都已紛紛關門。

老家創業時是魚販，六〇年代專賣店經營變得嚴峻時，祖父號召認識的肉販、果菜行，轉型成販售生鮮三品，也就是有肉、蔬菜、魚等所有品項的店。這在當時相當先進，加上適逢人口急驟增長的時代，據說曾繁榮興盛一時。

八〇年代時老爸繼承店鋪，一方面景氣不好，大概也因為沒有商業才能吧，繁盛一時的店鋪最終快速萎縮，演變到後來只有爸媽兩人在扶持的狀況。但或許早一步抽手反而是好事，硬撐著原本規模的店家早早倒光了。

這些早期的傳奇故事是我與父親的少數對話中，我仍有記憶的，也是通常沉默寡言的老爸唯一變得多話的時候。

「聽好了，一早卡車送來的貨到傍晚就全賣光了。因為收銀機、金庫都放不下現金，常常直接把錢丟到紙箱裡。來往的銀行那些負責我們的行員，一天要為了取款來好幾次。我們做的就是現在超市的先驅啊。」

「從超市來看倒是規模相當小的呢。」

當我這樣說時，會被斥責「說小是沒必要的」。

自己明明老是在跟別人介紹時，謙虛地說「只是經營家小店」。但時至今日，我能明白他那份小小的驕傲。老爸心中的時鐘仍停在祖父經營下日進斗金的時候。

等到我出生的八〇年代，在大榮等大張旗鼓進駐鄉鎮市的大型超市逼迫下，業績一落千丈，我因而只經歷過店裡每況愈下的情景。〔譯注：大榮（The Daiei, Inc.）是創設於四〇年代的大型連鎖超市企業，九〇年代泡沫經濟後經營不善，納入永旺（AEON）旗下〕

家鄉的商店街後來更因郊區新設的大賣場的猛烈攻勢，完全不堪一擊，江河日下。

❖

從東京搭新幹線一小時，再從新幹線車站轉乘地方鐵路二十分鐘左右，就來到熟悉的家鄉車站。只有站體本身是最近剛重新整修過相當華麗，卻沒幾班車。搭車的僅有早晚往返學校的人，已變成汽車為主的地方社會，車站早就非地區中心。

「啊，那邊也變成空地了。」

每次來到車站，附近仍在營業的商店就變得更少，最近空地、停車場等越發醒目，當某處變成空地，不可思議地就會想不起來原本那裡有著什麼。明明是家鄉卻陷入身處他鄉的錯覺。

走在從車站回老家的路上，自己中學時還算人來人往的商店街，現在已完全落入閉門狀態。倒也不是說很不幸，大都市的人可能不清楚，擁有這些店面的人其實出乎意料地相當富有。

1 日本商業區的不動產價值在泡沫經濟時，比戰後的一九五五年翻漲了一百倍左右。在那之後，價值被認為掉到當時的三分之一、甚至五分之一。甚而有些地方的不動產一落千丈到毫無價值的地步。

「如果有好的人出現，我就會租給他啊。」

「住在二樓，所以不想把一樓租出去。」

「為了一年會回來幾次的兒子，全家特意空下來的。」

「事到如今租出去，發生什麼麻煩事也是傷腦筋。」

鄰居聚在一起的話，大抵上都在講這些。這些連自己都經營不下去的區位，或許是因為**泡沫經濟時期的影響**①，雖然沒什麼惡意，但卻訂了過高的租金。招租全交由意興闌珊的房仲，鐵捲門上掛了好幾塊不動產公司的「出租」招牌。

我曾向母親說：「掛了這麼多招租的牌子，就是明擺著告訴大家沒人要租，根本反效果吧。」

她笑嘆著回我：「因為他們都不缺啊。像我們家這樣做生意的其實才是最辛苦的。」

幾乎所有的不動產所有者都太習慣用老大的心態做生意，毫無力圖改變的意思。到現在還是認為房東比房客有利，覺得有人想租時「施捨租你」。

另一方面，從家鄉朋友那裡聽來，就連**大型購物商場**②裡的專賣店街也不景氣，最近好像還在頭幾個月免費出租給在地受歡迎的商家。對承租人來說，

②

往昔擁有商店街內中小型店鋪的鄉鎮市市場，九〇年代後因法規鬆綁，增加了設立百貨商場的自由度，在其效率與規模下大舉進占上述地區。但今日鄉鎮市零售市場景氣低迷與過多的商場，造成競爭益發劇烈，加上網路市場急速成長等因素，使商場業態無論銷售額或盈餘都開始走下坡。因而進行既有店鋪的整合、關閉，或提出誘人條件吸引當地受歡迎的商家進駐等。

根本不用比就知道哪邊比較好。抱怨沒有停車場、沒有人流③之前，沒人要租的理由已經顯而易見。

❖

從車站走個五分鐘來到老家門前，直接轉入旁邊的小巷到後方，從在小小後院的後門進到家裡。因為從店面進家門會被罵，我養成從後門進家裡的習慣，到現在還改不過來。

喊了聲「我回來了」，從屋子深處傳來熟悉的聲音：「喔唷，歡迎回來。」

聲音聽起來比前幾天電話裡來得有精神，讓我先安了心。

「什麼啊，電話裡的聲音聽起來很沒精神，還讓我推掉其他事跑回來。」

看到她極為開朗的樣子，讓我鬆了口氣。

「沒啊，不表現出那種樣子，你就不會回來吧。」

母親沒停下手上忙著的事邊回我。真不愧是我媽，知子莫若母。老舊電風扇旋轉著發出巨響，吹動餐桌上的菜餚所散發的熱氣。

母親忙到一個階段後，以「那個啊」起了頭。

③ 部分商店街的人會重複「沒有停車場，所以客人不來」等藉口。然而，實際上有許多例子是中央、地方政府在商店街附近開闢停車場，卻因沒人使用而倒閉。反過來說，也有不少即使停車位不夠，客人仍絡繹不絕的巷弄小店。最終還是取決於競爭力，商場會有人去其實是原本想去商場的人就多，免費停車場不過是填補部分的競爭力而已。

「你爸已經過世五年了，我也努力經營到了今天。我想差不多該結束生意，想說好歹接下來幾年要跟老朋友們一起去旅行到處玩玩。但就算我跟你說這些，你大概也是當耳邊風，所以我才稍微演了下戲。」

「什麼嘛，害我白擔心了。」

「哎呀，討厭，這是在稱讚我演技高超是吧。」

「不提那個了，那這家店妳打算要怎麼辦？」

「是啊，想說要不要把店面和住家賣掉，找個地方租房子住。……這些等之後再決定。話說回來，歇業前要做的事情還真不少，要跟銀行談，還要跟廠商溝通等等，這些要優先處理。你終究是長男，想說必須跟你談談該怎麼做，才要你回來的。」

「說要談談，但妳已經決定了吧。之前老爸死的時候不是說因為是老店之類的……怎麼會這麼突然？」

「沒啊，因為你爸死了就說要關店，店跟家都要賣掉，不是可以想像會被親戚們怎麼說嘴嗎？所以才沒有馬上說不做的。原本就是為了不讓大家對你不繼承多嘴，才會說我來接，讓大家沒話說。俗話說冷石上坐三年也會變暖，我都努力五年了，你爸、還有親戚朋友都能原諒我了吧。」

母親總是把冷石上坐三年也會變暖掛在嘴邊。這樣的母親看來已經想清楚，做出關店的決定，大概不會改變心意了吧。

「我會查看看商店歇業手續那些要怎麼辦。問過會計事務所的會計師了嗎？」

「我最先跟你說呢。太難的我不懂啦，那些就你去幫我處理。我也就你一個兒子，萬事拜託了。哎呀，今天晚餐要吃什麼呢？」

「不是吧，不是才剛吃過午飯！」

大而化之的母親對這些細節似乎毫不關心。

雖然有聽過要創業、繼承事業之類，卻沒聽過該怎麼結束營業。

「店該怎麼關掉呢？」

就這樣，我為了處理一年回去不到一次的老家，開始一個月內數度來回家鄉與東京的生活。那時的我，想都沒想過只是為了要處理歇業手續才返鄉，卻對自己往後的人生帶來巨變。

出乎意料的再會

時隔許久回到家鄉，突如其來地決定要結束家業後，又過了兩個星期。回過神來，因為工作太忙，幾乎什麼都沒做，時間就過去了。跟稅務士約好見面，抱著莫名沉重的心情回到老家，母親對我說：「不知什麼書寄到了，我放在你桌上了唷。」

沒錯，因為不知道要從何處著手，兩個星期前我先訂了以「歇業」為題的書指定送到老家。家鄉的書店早在很久之前就關門了，如今只要在網上下訂，隔天或隔兩天書就會送到。跟表面上看起來相反，鄉鎮確實變得便利許多，也因為如此，小公司要在這種地區跟大公司對打確實不易。這讓我再次感到**在倒閉之前能夠自行結束的話，應該是對自己比較好的選擇吧**④。

進到我以前的房間，這是時隔幾年了呢？曾用過的書桌仍維持原樣，我從前就是在這裡聽著廣播準備入學考試。一邊沉浸在感慨之中，邊隨手啪啪啪地翻著放在桌上的書，生鏽的椅子發出唧唧聲。

讀了幾本書後，我發現要關起店門並非易事，難掩低落的情緒。

開業要錢，歇業也要錢。開始做生意時能夠跟認識的人、銀行等借錢，要歇業就不會有好心借錢的人了。拿手邊賺來的錢償付借錢給我們進貨、當作營運資金的相關人士，看起來償清借款才能在不給別人添麻煩的情況下歇業。

「能夠明明白白、乾乾脆脆結束營業的人都是些有錢人呢。」

如果無法償清借入的資金，最終只能賣掉房子、車子等持有資產變現。不幸中的萬幸是父親並未積極擴大事業，也就沒留下太龐大的負債。即便如此，仍是借了不少錢當作營運資金。

我輕闔上書本嘆了口氣。窗外內庭裡的柿子樹姿態一如往昔。

④ 雖然歇業在日本常被認為是不好的，但相較於未多加思考就繼承不賺錢的家業，不如乾脆主動歇業也是選項之一。日本每年約有近三萬家企業停、歇業或解散（帝國資料庫調查）。倒閉則有約八千家，也就是這世上在倒閉之前就決定關門的老闆其實還不少。現今，將事業賣掉等中小企業的併購也在增加。

❖

「吃飯了唷！」

熟悉的呼喊聲也讓如今的我懷念不已。步下陡峭的樓梯，坐到右手側深處，在廚房邊的餐桌前。雖然我想著不應該表現出太沉重的樣子，但母親在這種時候總是特別敏銳。

「什麼啊，怎麼了嗎？一臉陰沉。」

「這個嘛……我看了些書，發現要結束營業也要不少錢的樣子，讓我擔心起我們家不知有沒有那麼多錢。」

「那個啊，雖然我們沒有很多錢，但有這家店，還有後面那間小公寓不是嗎？賣掉的話，總能順利結束一切吧？」

真的有人會買這般蕭條商店街裡的土地嗎？雖然我對此感到憂心，還是回母親一句「不先跟記帳士專家談過不太清楚吧」來結束對話，講再多喪氣話也無濟於事。

老家是住宅與店鋪蓋在一起的典型舊式結構，前方是店面，後方是住家。父親考慮到退休生活所蓋的公寓就緊鄰著住家後方，雖然還有幾間房未租出去，但房租仍是令人欣慰的被動收入。興建公寓的貸款已幾乎償清，作為母親生活所需，加上年金相當足夠。只不過，目前的房客會不會續租是未知數，建築也已老舊。在鄉鎮市等地資產價值越發低下的時代，或許有必要賣掉。

打開從冰箱拿出來的啤酒，正伸手去夾涼拌菠菜，母親說這是早上山根先生給的。我故作輕鬆地探問。

「妳打算一直住在這嗎？」

「這個嘛，對我一個人來說，這房子太大了，我沒有想一定要**一直住在這裡**⑤唷。」

也就是說，將老家與公寓全部賣掉也是選項之一。

「啊，真糟糕，我忘了說，今晚說是有商店街年輕一輩的聚會。雖然說年輕，但所有人都過四十了。我先前跟眼鏡店的佐藤說你難得回來，他就說要你一定要去露個臉。已經開始了，你去一下吧。」

「咦？開什麼玩笑，憑什麼自作主張啦。」……可惜我沒有勇氣說出這樣盛氣凌人的臺詞。

「唉……妳也知道我對那種場合很不在行吧。」

「不要這樣說，小時候他們也常常陪你玩啊，好歹去露個臉吧。這裡連年輕人都沒幾個了，青年會還在去年解散了。」

邊回想起高中時我常被叫去幫忙商店街的活動，邊腳踩拖鞋朝兩間店面旁那商店街裡老舊的會館走去。那座會館因為是繁榮一時的時代所建，在今日的閉門商店街裡顯得異常宏偉。雖說如此，

⑤ 歇業手續完成後仍繼續住在原處的人不在少數。因為對房子的眷戀、錢的問題等，住久了要搬家相當困難。造成住在原本是店面的地方的人與商店街仍在營業的店鋪間產生噪音問題。最近在活化成功的地區發生的「少有願意出租的店面」問題，也是源自那些雖然一樓空著但住在二樓店面的屋主的關係。

如今一樓店面也都沒人租了。爬上樓梯後，敞開的會議室門後傳來一來一往的談話聲。

「又差不多到了該決定如何使用今年年末大拍賣預算的時候了，希望各位多多幫忙。」

襯衫紮進長褲裡，脖子上掛著名牌，看起來一臉正經的男性，正向徒有年輕一輩之名的四、五十歲大叔說明。他應該是來自市公所，為了向商店街說明政府預算「要不要舉辦年末大拍賣」。

「啊，又到這個時期了啊。今年有多少預算？」

「同往年是兩百萬呢。在不增加大家負擔的情況下，小弟我跟事務局長討論後訂下的。」

市公所職員十分諂媚、客氣地說明。聽他說完後，其中最年長者做出指示。

「那就每年都做的傳單跟旗子那些，山本你好好處理一下。」

「咦～又是我唷。是、是、是，收到。」

山本在當地經營印刷店，每當有活動時，因為需要印製不少東西，從以前就全部是他負責處理。也就是說，商店街裡各自擔負的角色直到現在都沒有改變。

市公所準備的預算是兩百萬，但這只是「補助」的錢，活動整體預算的一半經費必須由商店街的協會來出。只不過對沒有餘力的商店街來說希望盡可能削減經費，為此先把兩百萬的內容膨脹成四百萬的報價單，從市公所那裡拿到兩百萬的補助款。在報價單、請款單上雖然是四百萬，其實只會使用兩百萬。先支付出去的四百萬中的兩百萬，其後從合作業者那裡以別的名目還回來。這麼一來，我們這邊實際上負擔的金額就會是零。他們口中的「好好處理一下」，指的就是這樣的做法。

因為市公所同樣想要消耗預算，所以即使隱約察覺這一點也不會開口指正問題。這樣的處理方式從我高中參與時就已經是如此，源自昭和時期商店街所謂的「**隱藏的金錢問題**⑥」。

這天的會議似乎就在這個話題上結束了。接著大家打開會議室旁的電視，邊看棒球賽轉播邊開始聊起當地的八卦說壞話。什麼嘛，已經開完了。我悄悄轉身正要下樓梯，突然被叫住。

「那不是瀨戶嗎！你真的來囉，但會已經開完了耶。反正你又搞錯時間了吧？」

猛一回身，剛剛那位「完美公務員風格之男」戴著細框眼鏡冷笑看著我。突如其來有人這麼失禮地來搭話，實在令人火大，何況根本不知道他是哪位。

「喔，你不記得我了唷。是我啊，森本，森～本～」

「咦……啊，原來是森本啊！原來你在市公所上班，我都不知道。」

我從以前就討厭森本。他是標準的牆頭草，在班上拿生性陰沉的我開玩笑取悅大家。認真看了眼他胸前掛著的名牌，上面印著「經濟局產業振興部商業振興課科長」，也太長了吧。

「是啊，我現在負責商店街。簡單來說，就是從市公所預算撥出的補助金的業務。好久不見，

⑥ 其他做法還有在昭和時期有盈餘的時候，為了盡量減少稅金，偽造交易讓盈利看似減少，把錢藏在內帳裡。然而，其後要在社會上用那些錢時，理所當然會被懷疑來源，落得無法動用，變成隱藏資產的下場。還有些因停車場、促銷專案而擁有大筆預算的商店街，個別事業的責任理事職務變成得以圖利，如接受業者的招待等。

但你都沒變耶~還以為你去東京後會改頭換面，果然牛牽到北京還是牛。」

遇到許久未見的朋友，虧他能如此流暢地說出這堆討人厭的話。雖然不高興，但不知道為什麼不想讓森本發現這一點的心思更強烈，於是笑著回他。

「沒啦，我老家的店要結束營業了。只是為了辦那些手續才會定期回來。」

「啊，這也是理所當然的啦，這裡還能好好工作的地方就只剩下市府還是銀行之類呢。店那些繼承就等於完蛋。」

森本哈哈大笑。雖然我心想「身在商店街辦公室，你還真敢講啊」，但作為問題核心的大叔們，正看著電視的棒球轉播邊暢飲啤酒、大肆批評打擊真爛，誰也沒聽到。我們兩人走下陰暗又窄小的階梯來到室外。

「那就，如果你下次有回來再聯絡我唷。偶爾一起去喝一杯吧。話說高中時的那些傢伙也有幾個人回來了呢。」

「啊，原來是這樣啊。好，如果有要回來再約。」

以為你是誰啊，反正只是又要欺負我而已。才沒有什麼都沒變呢，我在東京還是有長進的，起碼變得會隨場合講客套話。

❖

我在隔週又回到老家。微蹲著作業一陣子後，伸展一下縮僵的身軀，仍高掛頭頂的太陽火辣辣地照在我臉上。在店後方的內院裡，有個早已變倉庫的小屋，裡面堆滿了以前店裡用的家具、器皿等，沒整理就擺著過了幾十年。我想趁這週末整理整理，但當我一進到倉庫裡，發現裡面有好些透露出店鋪歷史的瑣碎便條。心想或許可以給人，就暫時不丟了，總之先清清灰塵整理一下，轉眼就到了下午三點。

從店裡端來麥茶的母親問我要不要吃晚餐。

「啊，對了，忘記講了，今晚不用準備我的份。之前在商店街辦公室偶遇森本，被他一直纏著要約吃飯。他還說已經找了其他同學一起來了。」

今天如果遲到了不知道會被說什麼。我提早出門，以便在約好的五點前十五分鐘抵達居酒屋。

「喔～喔～喔，來了來了，你超～慢的。」

原本想早到的，但森本跟其他三名男子已經坐在居酒屋後方高起的和室裡。三個人分別是就讀當地國立大學後、現在在市內銀行工作的後藤；老家生意收起來不做、現在在工商會工作的山田；在地私立大學畢業後、在老牌房仲公司上班的澤田。重現了從前存在於我畢業的高中裡那看不見的僵化階層。對我來說，待在這裡實在渾身不自在。

「好，喝醉之前先把下次活動的事講好。拜託澤田的舞臺那些準備工作弄好了嗎？」

森本邊說邊突然發起紙張來。

「咦，今天要做什麼？」

我實在摸不著頭緒，脫口詢問。

「啊，我沒說嗎？剛好兩個月後要辦活動啦。市公所撥預算找在地工商會等辦的振興活動。但不管商店街還是工商會都那種狀態，說可以借我們掛名，但實際上要市公所來弄。最後不知怎麼選的，選到連假第一天舉辦，然後市府那些混蛋上司就說什麼週末不想出動。結果變成幾乎全部都我要做，所以才拜託能拜託的高中朋友來幫忙。」

澤田晃動著他龐大的身軀，將開胃菜現煮毛豆塞滿嘴邊嘲諷。

「哪門子『朋友』啊。」

沒錯，什麼朋友嘛。對你這傢伙來說可能是工作，但跟我們半點關係都沒有。森本完全忽略大家的臉色繼續說。

「那就在開喝之前，稍～微討論一下，討論討論。因為是連假，你應該會再回來吧？萬事拜託了。」

「什麼……啊，好。」

被趕鴨子上架的我只好糊裡糊塗地聽下去。每次都這樣，只要被對方的氣勢壓倒，就會因為自己沒辦法立即反應而無法拒絕，變成既定事實，事後悔不當初要是拒絕就好了。

聽完森本的說明，才知道這次的活動是去年市長選舉時，市長擅自答應「振興地區的火種」衍生出來的，貌似因為去年隔壁鄉鎮舉辦小吃活動來了十萬人，想與之抗衡。

森本的企劃毫無巧思，只是找在地餐飲店打造全新「在地小吃」，然後向大眾發表。似乎已經底定要分出部分預算請在地電視臺協助，當天會由在地生活風格節目來採訪並大肆宣傳等等。而且一千萬的預算全額來自中央的統籌分配款，市公所不用出半毛錢。對在東京工作的我來說甚是氣憤，要是鄉鎮市這樣用錢的話，那不如減稅。

「因為是**市長的重要政策**⑦，所以市府裡大家表面上都不敢抱怨。而且以前還有職員反駁市長，被貶到營養午餐中心。一天的活動要一千萬。千載難逢，所以想要辦得無比盛大。」

對於森本熱切訴說、跟他形象不搭的這些內容，其他人也贊成，炒熱了以開會為名義的飲酒聚會氣氛。結果我居然落到要幫忙出舞臺企劃的點子，並負責當天場地布置。

踏上歸路時已是凌晨三點，雖然想在途中先行離席，卻完全找不到時機。回到家後，躡腳走進廚房，對已老大不小了還要這樣偷偷摸摸進家門

⑦ 地區活化計畫最可怕的是，某地的高官看到電視上播放的成功案例後，因為他隨口一句「為什麼我們這裡沒這樣做？」而編列了預算。跟私部門不同，公部門沒有收益問題，不會沒賺錢就被貶黜，但有可能未體察上意表達反對而被下放。特別是在那些長期由同一人把持的地區，連中階主管都已固定，還有不少人過去曾因提出反對意見而受害，所以變得幾乎不會有人反對。

的自己感到羞慚。在杯子裡裝水後一口氣喝下，這裡的自來水跟大都市不同，非常冰冷。

❖

隔天被吸塵器的聲音吵醒，母親悠悠詢問。

「你今天幾點要回去？」

時鐘指針已經指向中午。糟糕！今天不回東京不行啊……我慌張不已地趕緊收拾行囊。

「下下星期我會再回來！再見。」

匆忙飛奔出家門跑向車站。

如果沒搭上離家最近的車站那一小時只有兩班的慢車，極難趕上預訂的新幹線。

明明我還住在家裡時，鐵路班次更密集，但這也是沒辦法的事，我們這裡已經變成百分之百的**汽車社會**⑧，大家都開車出入，高中生早晚使用鐵路已是尖峰。雖然沿線的市長、町長好像在推動不讓班次更加減少，但參與行動的那些人至少已經十年沒搭過車，毫無說服力。

⑧ 有快速道路通過，也建設了高速公路，今日日本全國有超過六十座機場，鄉鎮市的交通手段基本上是汽車，必須在特定時間來到車站的鐵路變得相對不便。考慮到北海道境內的交通大多是倚賴汽車，JR北海道慘澹經營可想而知。車站前也不再是地區中心，更不用說是地區門面了。

老家的處理仍前途未卜，就被捲進另外的麻煩裡，搭上電車的我，看著漸行漸遠的風景，心裡嘟噥不要辦這種活動才是最好的地區振興吧。

巷弄裡的名店

「那個啊，你能不能想辦法在活動前一天回來？」

話筒那端傳來的森本的聲音很明顯不爽，連句尾的咂舌聲都能聽到。

「我、我知道了啦。但要在連假前再請假回去，實在有點困難……」

「所以我不是說要你想辦法了嗎？答應要做又不好好幫忙讓我很難做耶，真是的。瀨戶你啊就是這點不好啦。是你說要幫忙場地布置的啊，不認真一點，我會很困擾耶。」

他不管三七二十一抱怨完就掛斷電話。

那些好商量的同學雖然嘴上說當天要來幫忙，最後卻是一堆藉口置之不理。某種意義上來說，大家都很會做表面工夫。結果森本相當小心謹慎，每天都來電催促或確認，「舞臺企劃的點子彙整好了嗎？」、「可以前一天來幫忙布置嗎？」，好似對許多事情都擔心得不得了。但我說森本啊，我又不是你的下屬。只不過，要是我的個性是能當面這樣跟他說，不會從一開始就這麼辛苦了。

而那最重要、原本說相當充足的預算，也在揭曉後發現根本不多。幾乎所有經費都花在電視臺的節目製作與占用播放時段。也就是電視臺當天來採訪，再製作成在地生活風格節目的特輯，幾乎耗盡預算。

不過回想起來，會找我們也是因為能自由使用的預算不多的緣故吧。善用聽起來好聽的「義工」，不，我根本沒有想要參加，所以連「義工」都算不上。

❖

想辦法儘早完成工作，忽視上司冷冰冰的視線，飛奔上南下的新幹線。我一思及隔天的活動，心情就分外沉重，終於抵達了家鄉的車站，時鐘的指針已過十點。

雖然想著就這麼回家睡覺，但彷彿帶著決定協助毫無意義的活動的罪惡感，實在無法就這麼回家。何況原本的目的——整理老家店鋪，幾乎毫無進展。為什麼我會這麼辦事不力呀。

其實有家以前回鄉時就想去看看的酒吧，先前一起喝酒的時候工商會的山田說同班同學裡有一個人現在經營好幾家在家鄉相當受歡迎的店。我想去的酒吧好像就是其中一間。我重新搜尋了一下先前已記錄在Google地圖上的位置，走到那家店所在地一帶……，但反覆查看手機，來來回回走了好幾趟，還是沒看到像家店的建築。只有巷尾那棟古老的二層樓木造建築似乎是我正在尋找的店，它只在入口門上有扇不大的霧玻璃窗，能知道裡面確實亮著燈，卻無從得知實際情形，完全是間「讓人卻步的店」。

正當我在入口附近徘徊，不知如何是好……一名不認識的年輕女子開門入內。年輕女子獨自一人都能造訪的店，那我也可以安心進去吧，戰戰兢兢打開店門，一堵牆突然迎面而來，讓我又是一陣困惑，接著走上在右手邊發現的階梯。上到樓梯尾，眼前豁然開朗，整家店挑空，天花板處有座大型換氣扇正在運轉，下方是長長的吧檯。與廢墟般的商店街天淵之別，只有這間店氣氛熱烈、幾乎滿座，許多客人邊喝酒邊談笑。

我對家鄉的小巷裡有間這種氛圍的店大吃一驚。

雖然是酒吧，但餐點種類相當豐富，好像不少人是幾個人喝過一家後又接著來這裡續攤，特別是年輕人很多這一點讓人印象深刻。老家這裡白天不只是沒什麼行人，甚至幾乎看不到幾個年輕人，卻有不少年輕人聚集在這家店，著實讓人意外。

但據山田說，這間店雖然生意興隆，「在地」卻多有批評。工商會會長似乎經常抱怨「那家店的老闆咨意妄為都不聽別人的」、「不幫忙市鎮的活動」等等。實際造訪後讓我深覺，一家店對顧客有沒有魅力，跟周圍鄰居對它的評價是兩回事。

主要街道因為由商店街協會等管理，必須支付每個月的加盟費，如果有遮頂、路燈等還要付維護管理的費用。房東也割捨不掉過去的自負，態度自傲地認為這是「我們這裡的精華地段」。相反地，小巷裡不只不必付麻煩的會費，也不用迎合他人，房價還更便宜。最近巷弄裡那種氛圍還被重新認知為具有「風格」，或許**主要街道與巷弄的關係早已角色逆轉而與過去不同**⑨。其後，這些昌榮的店鋪在生意難做的鄉鎮招來嫉妒，被說只有那家店很狡詐。

一直待在家鄉的山田以實際經驗告訴我：「在鎮上，實在沒有比那些說某人是好人或壞傢伙這種消息更不可信的了。」

我獨自坐在吧檯。

「晚安，歡迎光臨。啊，是瀨戶……先生嗎？」

從裡面出來一身酒保風格的男子突然叫喚我的名字，讓我驚悸了一下。在昏暗的店內想看清對方的臉孔，無奈排列在吧檯上的燭光不夠亮而看不清楚。

「嗯、誒，我是，但……」

帶著疑惑回答後，對方的口吻驟變。

「啊，果然是！我啦，佐田，你還記得嗎？」

因為是極富特色的關西腔，讓我馬上就想起他是誰了。

「咦，佐、是佐田？你有來店裡喔。」

⑨ 在以汽車為主的鄉鎮市，倚仗過路客做生意的店家幾乎都撐不住倒光了。反過來說，不管是在無人路過的巷弄裡、山上等地方，能準確掌握客群，提供良好服務，就可順利經營下去。也就是說，不再如過去缺乏物資的時代，以路過店前的人偶然的購物為客層的銷售方式，現今必須轉變成讓顧客特地前往店家的做法。

經營這間店的同班同學的名字，正是佐田隆二。高中時代開始，等我注意到，他已經是班上的中心人物了。佐田有種地痞氣質，不聽老師的話，被視為麻煩製造者，也就是俗稱的「流氓」。他體格壯碩、個性豪爽，卻出乎意料很會照顧人，受後輩景仰。即便如此，我原本不覺得這種生意昌隆的店家老闆會親自出現在店裡，難掩困惑。對他那在出生長大的大阪學會的關西腔，我從以前就感到害怕。

「好、好久不見了耶……」

揮之不去過往的恐怖印象，讓我比平常更畏畏縮縮，聲音也變得更小。

「啊，我每個星期都會有好幾天在店裡招呼客人唷。剛剛你進來的時候，我就注意到是瀨戶你了。不管那個了，很久不見耶。這是時隔幾年了啊？畢業之後就沒見過了。話說高中的時候常差遣你去買麵包，雖然過很久了，那樣對你真對不起。」

縱使形式上算是向我道歉，佐田臉上卻盈滿笑意。沒錯，我忘都忘不了，從前經常被流氓佐田使喚當跑腿小弟。

「看到有個怯生生的傢伙踏進店裡，讓人很在意吶。之前就聽說你常回來，還在想不會是你吧。都這把年紀了，還不敢進酒吧在門口扭扭捏捏的，瀨戶你還真是跟以前一個樣。」

「才、才不是。我是因為不知道這是不是就是我要去的店，那……」

連說明也變得難為情起來，我索性閉嘴選酒，實在搞不清楚的情況下，隨意點了杯知道名字的雞尾酒。

「你怎麼好像一臉不開心，遇到什麼事嗎？」

「那個，你怎麼會知道？」

「我們這種生意做久了就會懂得察言觀色啦。」

雖然不知是真是假，但確實如此。我對明天的活動感到厭煩，才會來這邊喝一杯，想說至少能稍微解愁。

「就被拉去參加市鎮的活動……。市府不是有個森本嗎？就不知怎麼，他莫名變得很熱血。參加以會議為名義的飲酒聚會時，我沒多想什麼就答應下來了，要拒絕也拒絕不了。就是很煩人的打雜的。」

「哈哈，這點還真像你，都沒變。從以前就很常被牽扯來牽扯去，覺得困擾吧。你這傢伙很容易拜託啦。」佐田笑著說。

「不是我要說，辦那種活動，我們這裡也不會因此活化啦。其他傢伙都嘛隨便應付推託。對市裡來說已經太多那種活動。從春天到秋天，每個週末都一定有著什麼活動。老實說要是認真幫忙，店早倒了。」

我震懾於他的氣勢，專心聽他說。佐田將手上的玻璃杯對著光亮，邊擦拭霧氣，繼續不疾不徐地說著。

「說到底，辦那樣的活動吸引一堆人來，我還真沒聽過有什麼企劃能賺得多過預算。如果真要賺錢應該由民間來辦，就算市府出預算去做也是不行的。誰都沒有自己拿錢出來，所以不會有人賣力。要大家花時間去做不賺錢的事，別說要振興了，反而會衰退。所以我才決定不參與任何靠市公所預算辦的活動。」

我百分之百贊同他說的，只不過我既沒有佐田那樣的自信，也沒勇氣當場主張自己的想法。越發難為情的我，對明天的活動更感到憂鬱。

「我說瀨戶你不是因為要處理自己家的店才回來的嗎？你家後院超棒的，真可惜啊。」

「沒有啦，只是棟破房子啦。」

佐田不懂我苦笑著自嘲般回覆的心情。

「不不，你在說什麼啊。我這家店本來比你家還破，荒廢了快十年，到了再放任下去連屋頂都要塌了的地步。你記得我家原本是開居酒屋的吧，這房子就是那時供貨給我們的酒商的。他來找我們商量是不是可以怎麼使用。」

沒錯，佐田在高中畢業後，也不是因為成績太差，但就連大學都沒上就到某家在東京開設餐飲店的企業就職。不是因為家裡窮，也不是不會讀書，那時我對他果決進入職場的態度很驚訝。

「是我從東京回到老家第三年的時候。原本的居酒屋配合時代改變後生意開始變好，正想著要不要開下一家店。就這麼剛好，有人找上門來商量這棟破屋要怎麼處理，然後說租金只要三萬就好，我想那就試試看吧。」

那樣殘破的房子能變成現在這樣具有魅力的地方，而且還有這麼多客人，真是不可思議。

「真像是施展了魔法一樣耶。但這麼破舊的話，整修想必花不少吧？」

「我跟夥伴一起弄的，其實這家店從租下來到開幕花了三年。我一邊開店，下班後跟假日一直在這裡施工，附近的人還會來問我什麼時候開店。還有人在我們施工時特地帶茶來給我們喝呢。這也是原因之一，所以在後院蓋了間小屋，租給咖啡店那些，白天有兩間店承租。有喝酒以外的店，附近居民也比較容易來。」

「太厲害了，原來施工可以自己來啊。」

「我呢，高中畢業就到東京去了，在老爸認識的人開的餐飲公司上班啊。上班第一天，就被帶到一家倒了的小酒館，社長突然對我說現在開始要弄新店。也就是說，那家公司的強項是自己施工整修成新店。說來很荒唐，正常人會要一個高中剛畢業的小伙子來施工嗎？社長還真的說完就幾乎沒再出現，我跟前輩後來每天工作空檔去那裡整修。嚇死我了。不過做過幾間後，我懂得原來整修店面是可以自己來的。」

我都不知道在我上大學每天沉浸在打工和社團的時候，佐田經歷了這些。

「可是，在我們這種地方是怎麼找到租戶的啊？」

「那個啊，我呢，用原本居酒屋門前的小巷，辦過每個月一次的小『市』。用現代用語來說，就是『市集⑩』啦。那邊每個月有三十攤左右在自家做東西放在網路上賣的人來，我問了那些夥伴後，知道除了在網路上銷售之外，有些人還想擁有實體店面，於是我就從中選了。」

這樣做是可行的嗎？

「不過，之前活動籌辦會時，也有人說『因為沒有人想在我們市鎮開店，所以推動再多閒置店鋪對策也沒用』。」

「那只是成見啦。想開店的人其實很多。雖然大家都說沒有人想在我們市鎮開新店，但其實是他們沒有站在想開店的人的角度，努力去讓他們選擇我們市、我們商店街，還有這樣的巷弄。講到最後，做生意不就是看在這裡會不會賺錢嗎？先從市集還是什麼開始都可以，只要確實有賺，就會有想賺更多的傢伙出現。跟那些不明不白為了消耗預算的活動比起來，還是拿補助金整修出美輪美奐的店，先給他們能賺錢的機會更有用。」

「原來如此，不是有沒有人要租，而是自己要能吸引他們來嗎？」

佐田的話，該怎麼說呢，因為他是自力開創至今，極具說服力。只不過，做法超過我能理解的太多，聽起來就像魔法一般。

「是啊，所以啦，你們家要結束營業是沒關係，但請好好想想建築該怎麼辦。反正大概某家銀

(10) 開始做生意時，如果立即租借店面會產生高額的初期投資與營運成本。許多地方政府提供新開店者房租、裝修費等補助金，但基本上如果營收未提高就不可能繼續經營。明治、大正到昭和時期初期為止，商人的常識是先擺攤或當學徒，其間累積實力，擁有常客後才開設需固定費用的店面。開店前先在市集等累積一定來客，等營收成長到可負擔固定費用的規模，才開設實體店面較符合常理。

行會說，**建築根本沒價值**⑪，還要拆除費用，扣掉那些費用，土地可賣還是不可賣之類的吧。」

說中了。因為明天的活動而拖累的處理店面的進度，往來的銀行的確如佐田所說，是要找我們談處理不動產的方式，以填補現金缺口。

「你不要全照銀行說的來想，也想想別的，有機會用還能用的部分來賺錢。我今天還有別的事，下次再邊喝邊慢慢聊。」

高中畢業後，佐田選擇跟隨波逐流進入大學的我們不同的道路，在社會的波濤洶湧中憑一己之力賺錢，我還想多聽他講一點。

「謝、謝謝。能找你商量的話，讓我覺得很安心呢。你明晚會不會剛好有空？」

「嗯，有空唷。那就再打給我啦。」

佐田遞給我的名片後面排列著五家店的標誌，都在距離這間店一小時的範圍內。我想他就算不親自在店裡站櫃也沒差，但我們在吧檯交談的過程中，好幾位客人向他打招呼。想必他不僅相當看重這樣與客人的互動，還很仔細觀察店裡的狀況吧。

⑪ 價值為零的不動產閒置有幾項原因。第一是土地根本賣不到超過加上拆除費用的價格。其次，如果當住宅使用，日本住宅用地可享有相當低的固定資產稅，夷為平地後不再適用，稅金因而變貴。因此，對不立即出售或出租也能過日子的人來說，許多情況下閒置是最合理的選擇，使得空屋持續增加。最近因拋棄繼承、放棄權利等，多了許多持有人不明的土地和建物。

❖

原本讓人害怕的佐田，應對變得柔軟自若，還洋溢著超越我們年紀的自信。聽他一席話，深感萬事都源自做法。因為條件差而什麼都不能做，只是那些推託也能過活的傢伙的藉口。

蟲子群聚在等距排列的細瘦路燈處。那一天，夜風吹拂，腦袋放空，我沿著巷弄走回家。離開佐田的店，從後門回到老家，居然有著跟平常截然不同的印象。原本只覺得破舊的老家，好像有著什麼樣的可能性。

結束營業將一切出售來收尾，這樣真的好嗎？我的心情轉變成，想著自己是不是被困在極為錯誤的成見中前進呢？

專欄 1-1

無論什麼樣的地方都一定有「人才」

在地區活化領域，經常聽到有人抱怨「我們這裡沒有人才」。但實際前往那些地區，卻發現有著以不多的資金開始，運用古老建築創造極富魅力的空間，想辦法吸引更廣範圍的來客，以此提升營業額，採取高資金槓桿的人。他們是魅力十足的餐廳的老闆。進入門檻低、競爭激烈的環境仍能盈利的人當中，許多是領悟到地區的市場性，能肩負起當地未來的人才。即便該地人口減少，倘若有追求具魅力的商品、服務，從更廣闊範圍前來的人，將有十足機會在整體都市圈內創造新的盈餘。

這些自負風險打造獨具風格店家、進而成功的老闆，個性多樣，比起先例、和諧等，自己認為「是這樣」，就會以自己所想為優先，所以幾乎不會被邀請到制定地區政策等的委員會，在在地的經濟組織內被視為「圈外人」。結果就是，像開頭所寫那樣地區的大人物，不管當地其實有著具能力的年輕經營者，卻感嘆「我們這裡沒有人才」。對這些以該地會衰退都是因為東京不好、永旺（AEON）害的等為藉口，拿取補助金就滿足的人來說，口中說著「不、不，在我們這裡還有很大的機會能讓店經營下去，也能創造贏過大企業的店」的人，都是相當「不合群的人」。因為我們都必須面對事實，也就是責任不在於地區之外，而在於自己。

但最近越來越多例子是，這種不被一直以來的既得利益關係所束縛，不期待援助，以自己的理念與個人魅力吸引人前來的餐飲店經營者改變了某地。在前途茫茫的地區與市場正面交鋒，做出一番成績，無論被大人物說什麼都還是堅持做自己該做的事，就像佐田這樣的人才，才能成為在鄉鎮市地區開拓未來的「旗手」。

專欄 1-2

鄉鎮市因為資金外流而衰敗

雖然經常認為伴隨人口減少，鄉鎮市無法避免走向衰敗，但如果將一地視為一間公司，就能發現根本的原因在於「不會經營」。

先以資產負債表的角度審視，鄉鎮市雖然持有資產卻不熱衷於事業。運用投資、融資等累積資產，再活用該資產創造利益，這樣基本的「金流」停滯。例如持有該地不動產所有權的人，僅保有可供當下生活的現金，讓原本應該以各種方式運用來發展新事業，或是租給他人，也就是必須用來創造「營收」的資產，只是閒置。

事實上，日本國土交通省（相當於臺灣交通部營建署）實施的「平成二十六年（二〇一四）空屋現況調查」顯示，閒置的理由中有三分之一比例，也就是百分之三十七點七的人回答「因為沒什麼需要」。錢要流動、資產要使用才有價值，但根本原因在於持有者不需要這麼做也能過日子，使得他們不會積極經營。

另一方面，繼續做著無法打平損益的事業。將一地視作公司時，從「外」而來的收入會是什麼？不同地區有著差異，有年金占據最大收入來源的地區，也有收入幾乎源自中央統籌分配款、補助金的地區。最可怕的是，這些每年分配得到的預算，在鄉鎮市創造了諸多「耗錢的計畫」而非「賺錢的事業」。最終還催生出因為「不賺錢」所以才需要國家援助這等扭曲的結構，赤字越高就能拿到越多補助，完全就像是「窮爸爸」化為現實的結構。

鄉鎮市為何持續衰敗，正是因為像這樣即便擁有資產也不熱衷創造收入，只是在虧損後竭盡心力向國家索討額外收入。

第二章　孤軍奮戰的決心

公部門的誤算，自立營運的私部門

「那麼就請市長來為我們的開幕致詞。」

市長走上舞臺後開始致詞。

活動當天不巧碰上下雨，在地的電視臺依照原訂計畫前來採訪，當地偶像團體巡迴各個攤位。

只有擺放著鐵椅的內用區有著稀疏身影，雖然中午時分增加了一些前來尋覓小吃美食的人，但或許是居民已經膩煩這種與隔壁鄉鎮類似的活動，到場人數不如預期。市公所拚命動員號召來的相關人士還比較多，會場飄蕩著一股閒散氛圍。新開發的小吃因為不熟悉調理方式，等候的人不多，製作卻相當費時，又因為未設定營業額就進料，使得能提供的餐點數量有限，結果下午兩點左右就賣光了。應是持續到傍晚的活動，來客卻就此銷聲匿蹤。

「……人比預期來得少很多。」

森本一臉慘綠，進退不得的情況下，只好打電話給認識的朋友，但因為當天是連假，大家似乎各有行程。沒有餐點就沒有其他事可做的活動，事到如今連個吸引人來的理由都沒有，其實主辦單位也對這一點心知肚明。花費了大部分預算的電視採訪已經結束，雨下不停，只能安靜等待時間流逝。市公所員工輪流裝扮，時薪算起來極高的吉祥物身邊，圍繞著空虛的孩子們。

能感覺徒勞到這種程度，實在罕見。莫名被牽扯進來的我，最後還要幫忙收拾連客人都不願光顧的活動，讓我想當場逃走。相對於不必動用預算，自己拿錢出來匯聚人潮的佐田的店，花了稅金卻沒人來的這場活動，這個地方需要的是前者還是後者，我想再明白不過了。

❖

「所以我一再跟你說了，把預計到場的人數算少一點比較好！搞成這樣，你要怎麼給我交代。」

部長朝課長使眼色，暗示著你這傢伙也說點什麼吧。

森本應該也侷促不安吧。我莫名還以旁聽身分列席活動結束後的反省會。市公所的長官來回巡視著，把森本等負責活動的人員找來，看起來怒不可遏。我實在很怕這樣的氣氛。

市長大肆宣揚所企劃的活動，連確實估算的到場人數都未達成，雖說就算達成也不能改變活動虧損極大的事實，部長等市公所的人卻對當初預計的人數更加敏感的樣子。

「不過，我想有在電視等處露出，計算廣告宣傳效果之類的話，應該能提出相當的成績。」

森本這番回答反而激怒了課長，他滿臉通紅。

「你說什麼！你不是再三保證吸引人潮沒問題的嗎？隔壁鎮吸引了三萬人，要是沒有三萬人來我們這，是讓市長顏面掃地。何況像我們這樣常住人口減少的地方只能用增加造訪人數來彌補，所以要先增加當日來回的觀光客人數，這也是這次活動的目標，連目標人數都沒達到事關重大啊。這個企劃還跟觀光政策連動，市長也經常強調這一點，你不會說你不知道吧。就像部長說的，如果把預計到場人數設少一點也不會變成這樣。你每次都只會講些好聽話，實際上一點用處都沒有。你聽好，不要忘記這是企劃的你的責任。」

雖說是組織內部，但這番話實在講得相當過分，將所有責任推卸給部下的上司，看著他，我好像看到自己公司的縮影。不管是非營利的行政組織，還是追求利益的企業組織，結果個人所表現的沒什麼不同。功勞都上司的，失敗都是下屬的錯。反倒是表面上要為地區而動的市公所，動員了義工，甚至榨取他們的奉獻精神。在好意參與的我面前，毫不在意地推諉內部的責任，真令人困擾。

不熟悉內容的成員，在籌備時間不足的情況下做成的企劃，且根本連預算怎麼分配等都早已定案，幾乎無法施展身手，只能說對倚仗義工的活動過度期待反而敗事。

我在這種時候只能保持沉默，幸好坐在角落，是最靠近出口的位置。我並非執行團隊，加上部長不斷重複同樣的內容，於是其間假裝有來電安靜起身。雖然森本直盯著我的臉看，但我心裡低喃著「很抱歉你才不是被害者，而是加害者之一」，離席而去。

要是這類事情一再重演，就完全印證佐田所說的，別說地區活化了，還會造成衰敗。我跟那個佐田約好今晚一起喝一杯。雖然心裡還揮之不去他高中時的恐怖印象，但比起參加活動，我對和他見面更加感興趣，我想知道佐田如何在我們這種地方將事業發揚光大。

❖

我被叫到佐田經營的另一家店，那是將當地銀行曾使用過的堅固建築再利用作為餐廳，一進到店裡就發現早已有許多客人。懷抱著今天遇到的鳥事到訪，這裡對我似乎稍嫌太過華麗。

「生意這麼興隆好厲害耶。跟白天的活動會場比起來，實在讓人想大笑。」

講真的，這般興旺的景象實在讓人不覺得身處同一城市。

「這家店剛好是在一年前開幕。我們這裡能端出好料理的店已經越來越少了，我想自己不做些什麼不行，而且沒有什麼好的廚師。剛好我在東京常去的餐廳，那邊的廚師手藝高超，也是來自我們市，他跟我說他想自己開家店。我就勸說他，問他要不要跟我一起，才下定決心開店的。」

無論是我們這裡或隔壁鎮，確實聽聞過去那些**曾被稱作「好店」的店一間接著一間倒閉**⑫。

「在像我們這樣規模的小城市，哪裡的誰、什麼時候、去什麼樣的餐廳吃、開

⑫ 因交際費用縮減，在當地用錢的權貴、用公款支付的人少了。留在鄉鎮市的有錢人絕對數量減少，加上大肆花錢太過引人注目，讓他們難以在居住地花錢，也是造成倒閉的原因之一。

了哪種葡萄酒之類，都會立刻傳遍。在地的有錢人甚至可能在自己家鄉被敲竹槓。要是在家鄉被大家知道『這個人很有錢』，可能不依時價，而是看人要你付昂貴帳單。不少人討厭這樣沒有隱私，特地跑去東京花錢。誰在哪、吃了什麼，在東京就不會被注意到。有錢人其實很多，只是不太引人注目。」

「但為什麼這家店可以這麼成功呢？那麼多能花大錢的店都消失了，在市裡有這樣的店，實在讓人覺得不可思議呢。」

我原本以為這類餐廳設在人多的地方才能維持，也就是說，如果不是大都市就開不下去。

「客人都是在地人嗎？」

掃視了周圍一圈，沒有任何認識的人。明明是同一個城鎮，這裡卻有著與白天活動會場截然不同的氣氛，客群的差異讓我感覺就像來到天淵之別的地方。

「人啊，只要有好吃的、有明確的目標，開車一小時、換算成距離約三十公里，不會想太多就去了喔。鄉鎮市的單位不過是行政劃分，跨越縣市移動對人們來說稀鬆平常。說是這樣說，但我店裡六成的客人都住在這裡喔。反過來說，有四成是特地開車來到居住區域之外的客人。還有就是那些從前有的好店都關了，對我們來說恰好是機會。好店變少了，但附近不是都沒有偶爾想去好點的地方的客人啊。」

我們總對城鎮莫名有種既定的印象，但那不過是偏見。人會遷移，所以「地區」總是在變化。中午看見的是這座小城市，現在所在的這家店也是這座小城市。店裡忙進忙出的店員很機靈，從飲料點餐的方式開始都讓人愉悅。

「接待客人的方式也非常棒呢。是怎麼招募到這麼好的店員呢？」

「雖然大家可能會覺得我們家店生意很好，會一間接一間開下去，但實際上在這裡，我不在沒有把握的情況下新增店鋪，**每當開一家新店，就會關掉一家現有的店**⑬。當我想開發別的業態的店，會先將員工暫時調到另一家店繼續為我工作，才去打造新的店。等到開幕時，再把他們集結過來。好員工絕不能放手。」

連這一步都做到啊？我親身感受到，像佐田這樣的私部門，與在活動時來往的公部門之間的態度差距之大。同處一地，距離卻如此遙遠。

雖然有點難為情，我仍向佐田坦白今天白天發生的事。

「那、那個啊……很抱歉我突然想跟你講個很沉重的事，今天的活動果然就像佐田你說的一樣，毫無意義。甚至可說只是浪費了大家的時間，讓我覺得真的是虧了。想到雖然不多，我還貢獻了一點力量在這種活動上，不免覺得有點空虛。」

佐田看著一臉陰沉說著這些的我笑了。

⑬ 店鋪數一旦增多，就會產生統管整體的中間管理成本。連計時工都需由各店店長管理的情形越發增多，特別是在招募人才不易的今天，要找到好員工極其困難。有不少在前途未卜的情況下增加店數因而倒閉的例子，因此要固定店數、留下好員工，經常變換業態的方式相當合理。

「哎喲，你不要這麼洩氣啦。我以前也有被叫去參加那種活動而不開心的經驗。有一天我決定不要再參與任何那種企劃了。今天這樣一場活動就讓你明白了，也就足夠了。今後不要再參加就好了嘛。」

的確如他所說。佐田止住笑後，表情變得嚴肅，繼續說著。

「所以我才會開店。為提供這家店的食材，我跟農家訂契約，租借廢耕地種植作物。每個月就算只花五十萬收購，一年就有六百萬**流向在地**⑭。雖然是家小店，但託大家的福，生意還算不錯。自己開店做生意，就能用自己的方式與地區產生關聯。如果我這裡平常就用在地人生產的東西，那農家的人休假時也會來我店裡。農家的阿公啊，老跟我說不僅日本酒、燒酒，偶爾會想喝葡萄酒啦！」

「原來是這樣啊，比起那種活動，你這樣的方式對地區的貢獻才大呢！」

我由衷感佩並非場面話。

「像我在開發這家店的菜單時，就跟農家一起討論，請他們種其他地方沒有的特殊品種。有跟湯品很搭的蕪菁，也有加熱後好吃的萵苣。那些陳列在一般超市裡的，是為了運送保存期限長，較難

⑭ 當車站前因都更新建的大樓、主要道路旁的路面店、百貨商場而充斥著連鎖店，雖然會感到家鄉變發達，但盈利最終都被這些店在都市地區的總公司收走，再投資到更能賺錢的其他都市。如未發展在地的店家、企業，盈利全都會被其他地區搶走。掌握一地的經濟結構，建立能讓錢在當地循環並留在當地的事業相當重要。將一地視作一間公司，必須有「三位一體」的思考模式，即（1）從地區外賺入人流、物流、錢流，（2）在地區內擴大交易，（3）不讓人、物、錢外流。

傷到的品種，我這裡則是就算容易傷到，也要特殊品種，因為適用我們菜單的品種不僅比較能變成特色，更重要的是更好吃，所以客人也吃得開心。其實小城市有它的強項，可以把餐廳開在靠近生產作物的農田附近。不是說什麼都要賭在小吃上。在我們這裡，居然沒有能端出用在地食材好好料理的店。所以我才會帶頭做，只是一開始的時候，還被大家說三天就會倒了啦。哈哈哈。」

要是有人說我會倒店，我應該會嚇到不敢做，佐田看起來光會笑沒在思考，實際上想得比誰都深，所以才會投入挑戰獲得成效。更重要的是，**好的人才自然聚集到了開朗的佐田身邊**⑮，比起陰沉的人，開朗的傢伙更好。我原本認為很害怕他，但今天跟他聊過之後，佐田值得信賴的印象已經勝過從前的印象。

「話說回來，我們昨天話只聊到一半，你要不要跟我一起，用你家要關掉的店來創業？」

這太過直接而突然的提案，讓我剛喝下的葡萄酒差點噴口而出。

「咦!?我、我家的店嗎？」

「我剛不就這樣說了嗎？你家那棟房子，我從以前就很在意，就那樣拆掉還是賣掉絕對是種浪費。如果把外牆看起來有點廉價的裝潢去掉，建築本身很體面，然後再好好利用後院，百分之百可

⑮ 地區活化能否成功的關鍵，最終在於有沒有辦法聚集能樂觀、開心，有決心一起打造事業的夥伴。當我到一地，會以「在地有魅力的店的老闆好不好親近」當作基準，判斷該地是否為可做生意的地區。我會問當地聚集有眼光的人、賺錢的店在哪裡，然後到那家店跟老闆交談，談得好就表示在那裡什麼都有可能做到。因為魅力十足的店會吸引好客人，好客人的口耳相傳所召來的客人同樣有品味。這類店家會吸引推動同樣事業的好經營者。在鄉鎮市的企業經營事業、店鋪，能累積這樣的人脈非常重要。

以打造出一家好店喔。我有些朋友剛剛好在找辦公室，把二樓弄成辦公室出租的話，應該就不會賠錢吧。」

這番超乎想像的話讓我的思考停了下來，只是在我內心有個小角落，冒出跟佐田一起的話或許能創造些什麼的想法。不，是我自己想嘗試看看。問題是，我早已跟銀行商量要拆掉老家出售，而且我們還相約明天討論。跟佐田這般積極的做法差距甚大，我因而被拉回現實，再度抱頭苦惱。

態度輕蔑的銀行

「這個嘛，你這麼任意改變方向，也是……」

我最先面對的銀行行員，明顯一臉不悅又不甘願。我知道自己正在胡鬧，之前跟他們商量賣掉土地後還清至今的借款，現在卻突然說不賣，還要出租房子開始新事業。

「嗯～如果是這樣的話，倘若您不能以『其他方式』償還至今的借款，對本行來說實在不可能接受喔。」

昨晚聽完佐田那番意料之外、甚至可說是「老家再生計畫」的提案後，雖然聽到的當下很驚慌失措，不過思考了一整晚之後，我得到的結論卻是倘若什麼都不嘗試就拆毀店面，很可能會後悔一輩子。

「這個嘛……雖然細節還要再仔細想一下，但我想應該可以賣掉我們家的公寓來償還，再加上整修一部分店面來出租，這樣一來，就算跟先前留下公寓、賣掉店面的打算不同，我想說不定還是可行吧。」

對沒什麼自信講著這些話的我，他邊敲著資料夾，口吻變得強硬。

「這個嘛，您這樣臨時變卦，而且先前的計畫銀行高層都已經認可了，這樣讓我們很困擾耶！您是說要擅自更改計畫，去做那根本不知道做不做得起來的事業是嗎？而且還賺不了幾個錢是嗎？這個嘛，我們可以再緩緩，請您在下個月之前明確決定要怎麼處理。只不過呢，因為您不住在這裡，所以您可能不知道，我們這裡要是能這麼簡單就找到願意租下破房的店家，大家就不會這麼辛苦了呢。」

我想他真正想說的應該是「那種事根本做不到，你是白痴嗎？」。就連我自己也不知道可不可行，只是知道了佐田至今在家鄉所做的，內心湧上了一股自己也想挑戰些什麼的欲望。

「出售不動產一事已經知會有往來的房仲，也拿到報價了，現在才要轉彎會給很多人添麻煩吧。還請您不要只想到自己，也請好好考量其他相關事項來判斷，您說是吧？」

萬幸的是公寓只有八間房，其中六間有房客，建設費用的貸款已償清，有著不錯的報酬率。昨晚跟佐田提到時，他認為小型不動產應該還有人想接手。銀行不會替我考慮我的生活、未來該如何，他們所想的只是要怎麼用不麻煩的手段，儘早快速地回收貸款。

問題在於，能否從老家再生計畫賺取超過原本可從公寓獲得的收益金額呢？市裡空著的店面不少，我家房子也不是特別漂亮，因為佐田這麼成功，就能跟他一樣成功嗎？

❖

回到東京，在家鄉發生的事，彷彿是出現在久遠之前的夢境裡一樣。

然而，即使我忙於公司的日常業務，只要精神一鬆懈，就會不自覺思考起老家的各種使用方式。先前買的公司清算的書上方，擺著餐飲經營、不動產經營相關書籍。我也讀了不少餐飲雜誌，發現以東京都內巷弄名店為特輯的報導還不少。看來在東京，比起華麗的大型餐廳，那些隱藏在巷弄裡、翻修住家而成的餐廳更受歡迎。

也就是說，**無論在我的家鄉或東京，流行方向大致是相同的**⑯。

⑯ 近年來，巷弄內、高密度市區等越發受歡迎。過去被認為骯髒的長巷，大家重新認識其價值，受年輕世代喜愛，相較於連鎖居酒屋，獨立店鋪更受矚目。就像東京二十三區內的谷根千、大阪市內的裏難波、福岡市的屋台（路邊攤）等被重新認定其價值，亦是同樣的潮流。都更後的大樓等不僅租金昂貴，而且只有連鎖店進駐，那些店無論在哪裡都僅穩定提供同樣內容，使得整體變得均質，歷史悠久的巷弄因獨特氛圍和便宜房租而聚集了在地店家，多采多姿的特點備受好評。

星期三，我早點結束了工作，來到感興趣的谷根千（文京區至台東區的谷中、根津、千駄木）一帶巷弄逛逛。

我從雜誌上得知，在這不像東京、木造建築密集的下町區域，似乎有許多獨具風格的店家。我從公司所在的新橋站搭乘山手線，平常都是搭往品川的方向回家，今天朝著反方向的日暮里站前進，這是我平常絕對不會下車的車站。跨出日暮里站，略微爬坡向上，很快就到了制高點，立刻接續著往下的階梯。出現在眼前的是迴異於高樓大廈林立的東京的景象，有著仿若往昔故鄉般的氛圍。步下階梯後走進商店街，寬度恰到好處的街道兩旁是一間接著一間小店。這樣的街道寬度也與我家鄉的後巷相同。我跟隨雜誌的介紹，一進到巷弄裡，突然轉變成寧靜的住宅區，其中甚至有翻修古老建築而成的咖啡店與藝廊。

「在這樣的住宅區裡會有外來的客人嗎？」

我只是隨意漫步就有許多新發現。

我往上野方向走去，或許是因為這裡有藝術大學的關係，藝廊越來越多，那些看起來經營已久的店鋪格外醒目。某個小角落有三棟左右的建築正在整修，它們以庭院相連。眼前出現排隊人潮，原來是精釀啤酒的店，最近東京多了不少精釀啤酒餐廳呢。我走一走口渴了，忍不住想喝上一杯，跟著排隊點了啤酒和下酒菜，餐點比我想像得更快出餐，下酒菜是炸火腿排，太完美了。

我急忙走到戶外，在行道樹旁的長椅坐下。旁邊有著汽水糖塞滿雙頰的開心孩子，也有獨飲啤酒的大叔。雖然完全不是什麼新奇的景象，但連在大都市裡這樣的空間都日漸減少，出了都市更是趨近於零。這樣的場所，在時代繞了一圈後變得罕見。

「這……長得好像我家啊……」

在巷弄深處偶然撞見的這棟房子，完全就像我的老家一樣，老舊卻平凡的木造建築，有座未設圍牆接續到道路的後院，裡頭種著一棵櫸木，向眾人開放。一樓是餐廳和咖啡廳，二樓是不大的飾品店、橄欖油進口公司直營店等。連接道路開放的內院像是座迷你公園，變成許多人乘涼、談天說地的地方。不在康莊大道而在巷弄裡的這棟房子是不足為奇的木造建築，卻確實存在著。

我從前覺得老家只是老舊，房子沒什麼特別。然而，老爸、阿公都在那裡做過買賣，雖然沒有引人注意之處，卻有著曾經認真經營生意才得以殘留的氣息。就算是古老、普通的木造建築，依據使用方式也會截然不同吧。

不是無法再利用，只是過去的我不想使用，佐田的店所採取的路線中，或許就蘊含著超越臨時起意的企圖，讓我越來越感興趣。

❖

我拿出手機聯絡佐田。

「你先前的提案，雖然我苦惱了好一陣子，但還是想試一試。」

他馬上回應了我。

「太好了，那來開始計畫吧？」

「還有啊，你們辦的那個每個月一次的市集，可以讓我幫忙嗎？」

「當然沒問題。我也想介紹些夥伴給你，我還知道一些想開店的傢伙，我再介紹你們認識。」

「其實銀行明明白白地告訴我，這根本不可行。然後，老實說我根本沒做過生意，沒什麼自信……但像今天也是，我去東京的巷弄繞了繞，居然發現很有趣的事。還找到跟老家很像的店呢。所以，我想要試試看，不想因為我現在不做，之後再來後悔。」

相對於我細小的聲音，佐田邊笑邊說著。

「瀨戶你啊！之後想做什麼的時候，會很開心喔。現在是最快樂的，一旦開始做生意可是很辛苦的喔。想著要做這還是做那的時候最開心，請好好享受這時刻。還有請放心，如果銀行主動說做吧之類的反而更危險。說起來，要在我們這樣的**市鎮創業，反對者比比皆是**⑰。我還是銀行，你比較相信誰？比起做什麼，你想跟誰一起？」

比起享受，我更多的是擔心，煩惱的時候總是悶在心裡，

⑰ 在衰退連連的地區展開新事業，任誰都會感到不安。再者，身邊的人必定會因擔心而反對。有些人會詢問許多人意見，其中不少人會去尋求沒什麼相關的人的意見，過程中如果得到的大多是負面意見就從此放棄。不要說是如履薄冰，根本就是踏壞冰層的程度，誰也不知道事業會不會成功。更何況就算去尋求那些不會投資也不會借錢給自己，還不可能出力幫忙的在地大老的意見，他們也只是依自己的經驗和感覺隨意評論。雖有擔憂，但不應把他人的贊同當作定心丸，唯有自己下定決心去做才能付之實行。

最後落得事事不順心的下場。職場上也是，明明做不到，卻想著什麼都要自己來，最後大抵都一敗塗地。

❖

看了一下時鐘，已經凌晨三點，我獨自坐在家裡的電腦前，準備明天要在公司簡報的資料。不知道自己瞎忙什麼，弄到三更半夜。

為了轉換心情，我開始瀏覽進行到一半的老家再生計畫資料。

我想做什麼呢？感覺就像沒選擇自己想要的所累積的欠債，到這把歲數才終於找上門來。我在能力所及範圍內用功唸書，在老師說「能考上」的範圍內參加入學考試，到錄取我的公司上班。無關個人意志，我至今只是隨波逐流，盡能力範圍內之事。但是，老家再生不同，雖然是因佐田的提議才起頭，最終想要做什麼只能由我決定。

不知道是送報還是什麼的，遠處逐漸傳來機車疾駛的聲音，我挺直腰背再次看向電腦。老家的事在腦中揮之不去，結果製作工作資料毫無進展。

太融入日常生活，讓我不知不覺不再思考，對工作隱隱約約的疑問[18]也越來越多。老爸五十五歲過世，如果我在同樣年紀死去，就只剩下二十年，那麼我現在正在做的真的有意義嗎？是自己想做的嗎？

我看著逐漸被朝陽照亮的天空，深深嘆了口氣。

從「逆算」開始吧

「嗯，這個嘛，這裡是內院、這裡有座小屋、這邊是主屋。就是說啊，我是想，或許我們可以把這裡打造成一座像是地區裡熱鬧的核心那樣的地方……」

臺前是在佐田主辦的市集裡擺攤的人，我邊用投影機播放自己製作的資料，邊向那約莫三十人講解。事情會突然演變至此，肇因於我對佐田說「我不知道是不是真的有人會想在我們家開店」，他回答說不知道的話就試試看囉。原本只是單純來市集幫忙，卻演變成在結束後、慶功宴之前，由我向各擺攤人說明老家再生計畫。在我幾乎沒有任何定案、怯生生的說明中，有個人舉手緩緩開口發問。

「我說呢，瀨戶先生，你家要多少錢才租得起呢？」

「嗯，那個啊，因為整修費之類的費用還不確定，所以無法決定租金等等細項，希望接下來能

18 越積越深的「隱約的不安」，任其曖昧不明的話是無法解決的。為什麼會不安，因為收入嗎？還是「正在從事自己想做的」等工作是否充實的問題？必須釐清造成不安的根本原因。如果是對收入感到不安，就在繼續現有工作的情況下於可及範圍內開始新工作，等到新工作的收入達到一定程度再進一步挑戰。不知其然，不去處理那些隱隱約約的不安，就不會有任何改變，只會讓狀況越變越糟。釐清問題是解決的第一步。

確定……」

「作為店面使用的部分也是由瀨戶先生來整修嗎？哪些部分必須由我們自己負擔呢？」

「嗯～嗯……這部分也完全沒確定。」

「哈哈，那不就是什麼都還沒決定了嗎？」

場內哄堂大笑，我覺得極為羞愧。之後問題接踵而來，但因為我只有大概的構想，對所有問題都只能回答「之後決定」。甚至許多部分是被問了之後，我才注意到，最後因為實在太難為情，不禁低下頭。

「各位，今天是我硬拜託瀨戶來跟大家說明的啦，所以他什麼都還沒確定。但是呢，我們或許能新打造一個可以做些什麼的地方。這傢伙真的是打算推動些什麼，而不是拆掉老家賣掉。他會更詳細計畫再跟大家報告的，那就拜託啦。」

被問完一圈後，佐田如往常般「嘎啦啦」地笑著解救了我。

「下次我會找機會帶大家去實地參觀瀨戶家，請大家再等一等。不是我在說，瀨戶家一定可以變成一個很棒的地方喔。我說的準沒錯。那今天就先這樣，大家辛苦了！」

「乾～杯！」

乾杯之後，又有好幾個人來找我，想要看現場照片。確實有人對老家感興趣這一點給了我自信。關於市集的討論也大多相當正面，像是今天的營收有這麼多、下次在這部分多下點工夫等等。聚集到佐田身邊的人果然都很爽朗，就像他說的，雖然要做什麼很重要，但更重要的是跟誰一起。

約莫兩小時後，一早就開始勞動也累了吧，三三兩兩回家去了。佐田對著幫忙收拾的我，手也沒停地說著。

「你啊，為什麼不先跟我商量呢？自己悶頭做，當天直接上場，像今天這樣下不為例喔。沒做過、不知道都是理所當然的啊，一定要馬上發問。」

「是、是。我只是覺得請教你這大忙人不好意思……。結果反而給你添麻煩了，抱歉。」

「不趕緊決定不行，沒有時間了。跟銀行也是，不講清楚你的決定也不行，照你現在這樣的速度下去，能做的也都做不了了。下次就是去你家參觀了喔，在那之前要確定計畫的大致內容，小屋跟主屋的出租範圍，還有內院的使用方針。也要對想讓什麼樣的店進駐有個大概的想法，再依據這些店家的業種來設定租金。好，就今天吧，現在來決定。」

「咦？你、你說現在決定嗎？」

「沒錯，現在跟一個星期後再定案，內容會變嗎？」

「可、可是，就這樣確定的話，我家沒有錢，也經不起失敗啊！」

了才知道，**因為擔憂而不去做，擔憂就會一直懸在某處而已**[20]。關店賣掉房子雖然容易，卻不是容易就好。老爸、爺爺曾經做生意的這個地方，讓接下來的時代要經商的人來使用。這些是不久之前的我想都沒想過的，卻好似即將化為現實。更重要的是，這可能是我人生中第一次，自行決定並推動的事物。嘗試之後，相較於忐忑不安，快樂的感覺更多得多。

參觀過後，所有人一起烤肉談天。可能是酒精作祟，讓我頓時感到此時此刻無論做什麼都能成功。我的老家再生計畫就這麼踏出了第一步。

[20] 因煩惱陷入低潮的人是不會得人相助的，更可能因為陰沉趕跑幫忙的人。因此，有顧慮時更要樂觀正面思考，必須由自己起頭找出癥結，嘗試解決的方法。接著只要樂觀地不斷前進，同伴就會隨之聚集而來，消除問題的速度也會加快。

專欄 2-1

為什麼「逆算開發」是時勢所需？

過去當人口增加、各地消費市場都在擴張的時代，地區活化是處於「成長中市場的大餅爭奪戰」。生活在都會區的人口增加之際所產生的市場，被位處該都會區的數個都市中心區瓜分。當時只要能及早獲得資金挹注，推動大型商業設施的開發，匯集更多店鋪的地區就能奪得成長中的市場，賺進大把財富。進入汽車時代之前，投資市中心區極其合理，甚至可說是只要能掌握先機投資就能取勝。因為人們有辦法到達的僅有大眾運輸便利的市中心，徒步、腳踏車的可及範圍，競爭相對不激烈。以嬰兒潮世代為主急驟增加的人口，甚至被奉為「東洋奇蹟」的經濟發展，在其造就的平均所得提升等背景下，供給先於需求較能確實致勝，需求在其後將會跟上供給。

後來進入家家戶戶擁車的時代，能便宜取得停車場的主要道路兩側、郊區等轉為優勢，率先投資在這些地方的人，將原本市中心的消費者搶了過來而得勝。再接下來的現在，因網路、電商崛起，能以高速公路、快速道路連接的郊區所開發的物流中心，在更廣闊範圍內企圖從郊區的大型店鋪等手中爭奪消費者。

人口減少與收入降低導致需求減少，在當前激烈競爭下擴張供給的時代，過去在需求擴張、供給有限時採行的方法已不再適用。

若是胡亂先行投資，推動比競爭對手效率更差的開發，在現代的鄉鎮市地區必定招致失敗。住宅、辦公室、商業設施等所有一切都要先行銷以掌握需求，在保證有一定收入下，有必要將風險與回報具體化來募集資金。在現在這個時代，需要的是先行銷，再配合擬定事業計畫、投資的逆算開發。

專欄 2-2

小地方需要的不是「天才」而是「決心」

成功地區的案例中，領導者的卓越能力總是格外引人注目。時常聽到「我們這裡就是因為沒那種人才才不成功啦」等藉口，但從個人近二十年來在這個領域耕耘的經驗來說，一開始就有著天才般才能的人非常罕見。更多的是，小地方的中小企業第二代、第三代不斷嘗試、歷經失敗，像中興之祖般以創新事業在該地創造極大的機會。

成功案例因其成功的成果，容易被媒體吹捧，只看到美好的一面，但細究從挑戰的初期階段等各個時期，領導者並非一開始就是天才（佐田也是一樣的）。下定決心，即便一再失敗，也不放棄學習，時常運用巧思不斷向前推進，不知不覺已達到極高境界的例子相當多。反之，逃避責任，害怕失敗，大學畢業就放棄學習，即使有相當優秀的履歷，也極可能光顧著拚命維護自己的地位，變成讓地區衰退的共犯。

還有一點至關重要的是，受矚目的領導者背後一定有支持他的團隊，即使自己無法成為領導者，也能以團隊一員的身分幫助地區。我想許多人可能都忽略了還有這個選項。

無論推動什麼，最初都是從孤軍奮戰的決心開始，等到嘗試、失敗的過程中有著同樣目標的夥伴聚集而來，才得以創造出非凡的成果。相反地，只有人多，但沒人能下定決心的會議，絲毫無法改變地區。

第三章　被放棄的地方

這裡才能買到的獨家商品

「那麼就請大家在這裡蓋章。」

在那之後，希望進駐的人陸續增加到共十八人。

他們之中超過一半曾在市集擺攤，除此之外，也有已在附近有實體店的人表示想在這一帶開店。我想這般盛況全有賴佐田已在市裡事業有成，加上市集的活絡景象讓人預期我們這附近也存在「商機」吧。

佐田曾告訴我關於他舉辦市集的意圖。

「市集[21]之類的企劃，雖然有時候會用一些含混不清的說法包裝，像是要創造地區繁榮等等。其實根本不是這樣，市集是在沒人認為有辦法做生意的地點，讓大家實際體會，做法不同就可以吸引到夠多的顧客、創造能夠盈利的機會。我的市集裡還出現一天就可以賺到三、四十萬以上的人。這麼一來，擺攤的人能掌握自己是否夠格開店，周邊的商家也會開始注意到這個地點。採用這種方式，就能創造地區改變的可能性啦。那些用著補助金只是單純吸引人來的

[21] 市集的費用是以場地費（＝擺攤費）與電費等設備使用費來設定。擺攤費依地點不同，三千到一萬日幣上下居多。帳篷由主辦方購買並出借以營造空間的整體感，使用標誌等來創造品牌也很重要。初期的基本工作是先一邊對擺攤者行銷，一邊在網路上宣傳、發送傳單等來創造吸引力並鞏固基本客群。

活動，和雖然也是一天決勝負但還是支付擺攤費用，試圖確實創造營收的生意人，兩者之間『認真程度』的差異，能夠改變地區的未來呢。對我們來說，也是測試每一個擺攤者能力的機會，誰會做生意、誰不會，我在這時候就能多少預測到。」

身居東京的我，深夜藉由視訊跟佐田開會攜手推進了計畫。實際進駐店家則是由佐田從申請人中，依其在市集的業績或既有店鋪的狀況等來評選出十二人。最後我們一起篩選出條件吻合、彼此目標一致的八人。準確來說是九人，其中僅有一個是兩人一組經營一間店的提案。佐田對此雖然面有難色，但我認為有這種類型會更有趣，於是他還是同意了。

接著在入秋後的某一天，集結進駐店家九人舉辦了最後一次說明會。因為他們每一個人都是將以此為據點，**一起招攬顧客、提升營收的同志**[22]，跟只是湊巧在同一棟樓房裡開店的情形大不相同。

更早之前，佐田就向大家強調過，進駐共同店鋪的所有人必須有團隊精神，他們百分之百接受這一點。也就是說，進駐我們這裡，不是單純繳交租金就交差了事，我們要互相分享營收月報，還要協助彼此的攬客企劃，這是佐田和我訂下的遊戲規則。

[22] 共同店鋪的重點在於，是否能提出有別於一般商業大樓的事業成長計畫。進駐者需要合作促銷活動、共享營收資訊，偶爾還要分享顧客，在其中一同成長茁壯。也就是要讓認同上述理念的人進駐，而且每個月固定召開的店長會議不可或缺。

解說完畢，請他們各自在進駐契約㉓上蓋章，一絲不苟執行名為手續的儀式。

「我們終於站上起跑點了，一起加油吧！」

在佐田的大聲宣示下，更進一步激發大家的亢奮情緒，說明會就在高昂的氣氛中結束。

❖

不愧是佐田，營運後的實際狀況與他的概算相去不遠，每月的租金合計為四十三萬。以五年為期計畫，設定投資以三年回收。我以租金名義收下四十三萬中的十五萬，補貼母親的生活費。母親原本就邊經營老家商店，邊受託處理結婚前工作的會計事務所帳務至今，還有著不算多的退休年金，暫且足夠支應生活支出。剩餘的二十八萬扣除整修費後，則是我和佐田的薪水。

「因為你老媽一直很小心使用，原本就不太需要整修。只是像廁所、水電等實在是不弄不行。還有現在那俗氣的外牆裝潢都快風化了。我們有這麼多進駐店家，一些比較細項的施工就大家一起動手做吧。能活用建築原本的氛圍最好。我想有四百萬就夠了啦，第一次創業還是謹慎為上策。」

倘若整修只需要四百萬，以多餘的租金來計算很有機會兩年就可回收。我出兩百五十萬、佐田出兩百萬，共計四百五十萬資金成立了新公司，除了投資施工之外，還兼經營管理。也講好收取細

㉓ 契約書中記載的項目與一般契約書相同，如金額、契約期、保證金、簽訂臨時契約後反悔的違約金等，必須白紙黑字寫下基本事項，形成可約束彼此的狀態。

項費用、會計等業務交由佐田的公司負責。因為經營規模小，業務量還不到需聘僱一個人的程度，加上我住在東京，這樣的做法是最合情合理的。

佐田對在鄉鎮開始做小生意有自己的三點主張：一是要先行銷、選擇有明確客群的商品和服務，二是與優秀的人一起創建，三是最初不要用錢過度。前兩點我們已經合格，剩下的成敗關鍵是能否徹底節約投資金額。

「你看了之後就知道了吧。在地方即使是要做點小事，光想是動不起來的，不提出數字就什麼都改變不了。」

「真的就像你說的耶。有具體數字後，我一下子就產生確實可行的感覺。」

「哈哈，出乎意料，你這傢伙很會見風轉舵呢，總算有點生意人的樣子了。但千萬不要忘記這些都還只是概念喔。」

我在佐田的玩笑中走到屋外，環顧整修前的老家。

終於要在十月下旬動工裝修，開幕定在明年年初的一月二十日。只剩下跟銀行商議了。

❖

冰冷的表情、毫無設計感死氣沉沉的櫃檯，無論來幾次，我都無法對銀行產生親近感。

「那就請您在這些文件上蓋章。」

因為與最初的計畫差距甚大，行員對我一臉不悅，但預期可以變賣公寓還清借貸的營運資金後，銀行仍然同意了我的計畫。接下來只要機械式地接連在好幾張紙上蓋章就行了。

幸運的是，已經有幾個人表達購買公寓的意願。老爸並非特別經營有成，但也因為這樣讓他未擴大經營，這點反倒救了現在的我。藉這次整理老家的店，我好像終於能認同住在老家時彼此不太說話，讓我總是反抗他的父親。

除此之外，這段期間我對跟**在地銀行**㉔往來，只能親臨現場、用紙張或傳真，感到非常厭煩。過程中還曾因為負責的行員換人，內部交接沒做好，讓我又從頭到尾說明一遍，當時差點陷入絕望。當我在東京，事情就幾乎毫無進展，難以想像還錢的手續到今天還這麼沒效率。連我這樣個性不急躁，對自己的耐心相當有自信的人，都好幾次冒出「我都要還錢了，是不是可以到此為止呢？」的想法，事情卻不像我所想的那般簡單。等到終於辦妥所有手續，早已筋疲力竭。

「那麼，就希望您的新事業順順利利呢。」

㉔ 在持續成長的時代，在地銀行只要彼此謹守勢力範圍，就可有足夠的融資機會，也能順利匯集存款。再加上許多日本的地區性銀行坐擁各級地方政府的薪資給付、支付業務等，每年都有固定的手續費收入。無法借出的資金用來投資國債等，也能確實賺取利息。只不過今天這一切早就被顛覆。沉默是無法獲得收入的，需要侵入彼此的勢力範圍，併購也無可避免。

我瞥了一眼皮笑肉不笑目送我的行員，在心裡發誓絕不再跟這家金融機構往來，而我能這樣說是因為接下來將實行的老家再生計畫，沒什麼特別要借款的需求。我們採取先決定進駐店家的「逆算開發」，加上承租人都在市集、實體店鋪已有一番成績，未來相當明朗。更重要的是，既有建築翻修再利用不需要龐大的投資金額，自有資金足可應付，回收也預計不到兩年就可達成。今天如果是要背負鉅額借款，耗費二十年回收，我想我應該就無法下定決心吧。

在這個時期仍刻意貸款是源自佐田的提案：「有成績的話會讓下一次的貸款變得容易，所以就算不多，還是先借一點比較好。」佐田曾與形形色色的多家金融機構往來，其中最密切交易的是在地的信用金庫。信用金庫雖然利率略高於地區性銀行，但負責的行員不太會變動，**對客戶的經營狀況相當了解**㉕。信用金庫的理事長氣度恢弘，流傳著一則傳奇故事，說信用金庫受金管會稽查時，被指證「這是不良債權吧」，他仍然堅定反駁「我們是在極為了解客戶經營狀況的情況下放款的，所以不會有問題，要是錢收不回來，我就辭職」。佐田的理論是即使利率略高，也應該跟這種克盡厥職的金融機構往來，所以這次我先在當地信用金庫借款。

負責佐田公司的信用金庫行員直接聯繫接洽我們公司，因而進展相當迅速。即便統稱地區金融機構，做法卻大相徑庭。

㉕ 地區性銀行的涵蓋範圍極廣，加上窗口、分店經理異動頻繁，經常交接不完整，這時客戶就要將情況再次從頭說明一遍，而且大多不考慮過去融資時的判斷標準、事業內容、往來廠商的關係等。反之，信用金庫的涵蓋範圍小，窗口幾乎數年不變，較能掌握客戶至今的經營狀況、經營者的性格等，但請注意同為信用金庫仍有個別組織的差異。

「太好了，這樣就完美了啦！」

佐田的呼聲響徹整條走道。

老家建築表面的鐵皮拆除乾淨，店門口恢復原本的木造外觀，還掛上了用整塊木板製作的新招牌，名字是「欅屋」，取自內院那株象徵這裡的欅木。

一樓是佐田經營的咖啡店，賣點為以農家提供的蔬菜為主的餐飲，特別是針對蔬食者的餐點十分美味。廚房更採取能取得製造甜點執照的設計，似乎還想當成移動販賣的據點，生產在週末舉辦的市集裡沿街叫賣的法式鹹派和蔬菜蛋糕等。

另一間店是在市集大受歡迎，單日營業額達三十萬以上的進口食材店，主力商品是配合季節流行、每個月從世界各地進貨販售的橄欖油，至今只在市集和網路販賣。二樓主要是才藝班和服裝店，一間是高級訂製童裝店，還有特別針對學齡前兒童的英語會話班、瑜珈教室，最後則是提案由兩個人共同經營的花藝店。進駐倉庫的是帽子店和皮製品店。

關於選擇進駐店家的標準，佐田反覆重申。

(26) 商店街的小型商店從知名製造商進貨，不僅無法創造商品的差異化，價格也難與商場競爭，因此很難勝出。

「聽好了，最先要考慮的是販賣的商品本身能否突顯出其特別之處，不管是製造零售或服務類的型態、極其特殊的選物店都沒關係。也就是說，必須篩選出在自己的地方製造產品，或是**能販售這裡其他店家欠缺的極具魅力商品的店鋪**㉖。」

「但這種店應該很少吧？這裡又不是大都市，在我們這種鄉下地方，那種奇怪的東西真的賣得出去嗎？」

「呆瓜！相反啦。越不是大都市的地方，越要有它特立獨行的經營理念。店越小，就更要有不同於大企業那種一般的商業模式，不然就完了。你可能瞧不起我們這樣的城鎮，但開車出去的話也還是有大型商場的，幾乎什麼東西都買得到。如果網路訂貨，無論什麼都可以在隔天或後天送達。不可以小看這些。能實際賺到錢的店，都是懂得這一點，然後選擇做生意的方式。」

「可是，那種店不是就只有你那邊嗎？我從來沒看過，也沒聽過耶。」

「雖然我的店也是，但其他還有很多啦。真的有那種在家裡、還是用倉庫之類來生產產品在網路上販賣，用寄送或舉辦特賣會等，**確實賺到一筆的傢伙**㉗。但他們絕對不會去宣傳自己『很賺』，因為詔告天下半點好處都沒有。」

「原來是這樣啊……這麼說起來，的確不一定要以來店顧客為對象，也不需要店面了呢。」

「就是那樣沒錯。只是像他們那種人，還是會對挑戰開實體店感興趣，可能是擁有店面提高自

㉗ 日本有些城鎮有童裝、外國玩具店，商品齊全程度連專業貿易公司職員都感到驚訝。這類店家並非靠店面獲利，而是每年數次在百貨公司舉辦的展售會一次賺飽。又或是東京都內的家具選物店考量租金便宜搬到小城市，靠電商擴張規模，最後再回到都內開分店。各企業在銷售手法、通路等下工夫來獲利。

己的信用度，或想開間有趣的店增加營收等等。所以他們也會來市集擺攤，或找我討論有沒有能開店的地點。」

「我們就是要找這些人來當夥伴對吧。」

「一般零售店的商品是由廠商生產再加以流通，所以無法創造差異。何況零售業的毛利有百分之二十到二十五就已經算高的了，如此一來，不賣出一定數量就難以生存，小本生意根本沒有那樣的能量。所以我們的對手不是大型店，而是要創造未被規格化的獨家商品，加上嚴格控制規模，只選擇小型、毛利上看百分之六十到八十的店家，懂嗎？這是不變的原則。」

實際上，佐田篩選店家時徹底執行了這一點。無法做出這樣判斷的我，只感覺這像是一項試煉，要測試我是不是雖然不出風頭，不過還是能確實執行該做的事。我把作為老家特色的內院雜草除光，重新種上草皮，將生長過密的樹木修剪到仍留下樹蔭的程度。對於這類樸實的工作，我做來得心應手。

拆除內側的木牆後，就能從正面道路進來，再穿過玄關到內院直接走進巷弄裡。等到夏天，打開主屋這一側的門窗，會有涼爽清風吹過。院子裡擺上桌椅，還有些給小孩玩的遊具。其實這是我想做而拜託佐田的。

「你就想要打造這樣的空間是吧。瀨戶啊，這根本就像是『騙人的公園』。」

「是啊，我小時候，我爸他可是很認真照顧草皮耶。記得我跟朋友在草坪上玩得很開心呢。雖然老爸很氣說會傷到草皮。所以我看到光禿禿、沒人要用的院子總覺得好寂寞。像這樣重新種上草皮，還有很多人會來玩的話，我想我爸也會很開心吧。我在東京時發現有一些巷弄裡的店這樣巧妙使用庭院，就想著針對這個部分，我一定也要用這種方式改造院子。」

因為沒有花錢大肆整修[28]，讓我們更注重招牌、指示牌等標示板的設計，以提升這棟建物的質感。此外，重新翻修了原本電容不夠的電力系統，以及沒有廁所、廚房等的二樓。

還有雖然沒在原訂計畫內，但因為木造建築隔熱效果太差，所以我們用工作坊的方式，施作了加強屋頂內側與一樓地板下方隔熱的工程，如此一來，夏、冬兩季變得相當舒適。其他裝潢則由各店家自主進行追加工程。

空間不大讓進度管理變得至關重要，有賴營造廠的川島先生替我們妥善協調。沒想到我們會手工施作，讓我親身學習到沒有錢不過是藉口。

我家原本的公司延續舊有名稱，將主要營業項目改成自有不動產租賃的公司，同時我與佐田聯名設立新公司，負責周邊不動產的管理營運。公司名字訂為「間間間」股份有限公司。以寬廣的庭院為中心，連接許多人與人之「間」的關係，確保適當距離感的「間隔」，我們的口號就是打造有

28 整修工作非常注重如何調配用錢的項目。能夠DIY的部分就自己施作；另一方面，招牌設計、供電系統、廁所、廚房等影響店家經營的部分，基本上應委託專門業者。

上述精神的場所，並營造安居安適的城市。因為我們這裡有著滿滿的空店、空屋，所以無論道路或樹籬都予以拆除，刻意創造有著空隙的空間。換言之，若考量城市的「間隙」進行開發，想必能創造更多有趣的事物，我們意氣滿滿地自顧自的做出這樣的決定。

「接下來是該如何宣傳『欅屋』，對開幕全力以赴啦。」

「呆瓜，不要躁進。在還不熟悉的情況下貿然開幕，如果提供的服務太差，就沒有以後。在公司上班只要顧好自己的本分就好，但你要知道，這家店裡無論在哪發生什麼都是你的責任。這點是跟原則上什麼都分工的公司最大的不同。」

我連喔一聲都喊不出來。在佐田的建議下，我們選在平日而不是週末開幕，以避開開幕當天的人潮。用不疾不徐的方式推進，一月到三月是業務熟悉期限量提供商品，四月開始才正式營運。

❖

我想或許是我們提供給地方報、電視臺等的新聞稿受到好評，他們經常報導欅屋，一、二月比想像得順利，我沉浸在這種喜悅中不能自已。然而，三月某天中午過後，突然有人傳了ＬＩＮＥ給我和佐田。

「午安。在這種情況下，我已經無法再繼續下去了，我不想做了。」

「咦咦咦咦咦!?不、不做了!?」

當我正覺得一帆風順的時候，這則訊息宛如青天霹靂。還在上班的我本來想稍後回覆，卻心神不寧，只好連忙衝到廁所打給佐田。

「該、該怎麼辦……」

我想像不到發生了什麼事，只是一直忐忑不安。

交情反倒成為絆腳石

開幕才三個月，就突然聯絡說「不想做」的是二樓共同經營花藝店的兩個女生其中之一。

「那個啊，我們要怎麼辦？沒想到那麼要好的兩個人竟然會吵架……」

「你啊，我早說過了吧。**開第一家店就兩個人合夥的話，百分之百會吵架**㉙。雖然沒人知道發生了什麼啦，我看只能跟另一個人講講看，請她們繼續做，不租了就讓她們走人，找下一個進駐人選。其他還有想租的人啦，在這糾結，什麼都解決不了的喔。」

「對不起……」

㉙ 篩選進駐店家失敗的情況有幾種，比如交情好的雙人組，因熟知彼此而把事情想得太簡單，所以經常失敗。或是在最初的階段無法具體說明店鋪詳情的人，最後因為難以區分自己想做的與應做的而功敗垂成。還有太樂觀，沒跟家人、親戚溝通清楚，等到真正要做決定時夫妻吵架無法進駐。還要注意資金寬裕的貴婦，她們可能每週只開門幾次，變成做興趣的。除此之外，共享式店鋪與一般分租的商業大樓不同，進駐的各個店家之間的信賴關係相當重要，需注意在開店前創造能彼此分享各自事業內容和思考方式的場合。開店後如果交惡將難以修復，因此開店之前就要先建立良好關係，檢視彼此是否合得來。

佐田曾明確表示，他反對讓這兩人進駐二樓。

一開始是這兩個女生來找我們商量，「我們的工作是前往生日等派對，或是去專辦婚喪喜慶的地方進行花藝設計和布置，我們想要有間自己的店。」她們說會各出兩萬，支付四萬的租金，平日店面用來接待那些希望她們前去布置會場的顧客，週末也想開花藝課之類，我認為附加價值頗高。

更重要的是，兩人看起來默契十足，滿腔熱忱地訴說「我們絕對會努力的」。佐田當時卻「唔……」陷入苦思，遲遲不點頭。等到我們兩人在別處另行討論時，我很難得地提出了自己的意見。

「我希望能讓她們兩人進來。原因之一是，兩個人都是很會炒熱氣氛的類型，而且她們想做的內容附加價值看起來很高。還有就是，有女生在，會讓整體看起來更亮麗吧。」

「嗯啊，我很清楚兩人都很熱血，一家店由兩個人來經營真的是很難。我也有過好幾次慘痛經驗吶。不過呢，既然你難得表達意見，那就來試著賭一把吧。」

賭盤還沒三個月就開獎了。

我打電話分別跟兩人談過後，了解到她們似乎是因顧店的班表、店面營收的分配與負擔費用等起爭執。開設實體店表示每天都要上班，與至今為止有工作時才出動不同。但她們並未事先決定好誰要在何時顧店、顧店時的營收如何分配等。兩人各有自己的委託案件，讓顧店變成一種重擔，最終因金錢問題吵了起來。

「大部分共同經營會起爭執，都是因為沒在一開始就講好跟錢有關的事。多數人會覺得自己更有貢獻、應該比對方更有權利拿報酬，最初就談可能還可以踩煞車，沒講好，到時候不滿就會瞬間爆發。雖然我有試著注意她們，但我應該還要跟她們確認錢怎麼分配。」

面對這種情況，我只是垂頭喪氣。

❖

「結果到最後幾乎都是我在做，為什麼我要分一半營收出去？真是太莫名其妙了。我們決定分道揚鑣了。我選擇在家工作，明天開始就不去了。」

「什麼，那、那店要怎麼辦？」

我被她的怒氣嚇到說話變得顛三倒四。

「我退出，但『那個人』說她會繼續做下去，能請你去找她談嗎？因為已經不關我的事了。」

一切如此突然，我沒想到原本滿腔熱血的人這麼簡單就放棄，但契約是兩人共同簽署，無法允許只有其中一人擅自退出。我掛斷電話後跟佐田商量，他立即給了我明確又清楚的回覆。

「嗯，這很常見啦，說到底，正因為兩人是好朋友，所以更危險，互相說著我相信你所以沒關係，不好好討論最重要的錢事，也不白紙黑字寫清楚發生問題時如何應對。說什麼這些之後再想就好啦～最後就會因此吵起來，大概都是這樣啦……嗯，契約是兩個人一起簽的，不能只讓一個人退

在那之後，我原本以為風波已經順利平息，卻不如人意。

她們退出後，**到處跟在地人說三道四**㉛，「我是被趕出來的」、「滿嘴好聽話，最後還不都是錢」、「結果是做法只對管理的人有利」之類。我不過覺得這是好事，進而投資、草創事業，也沒獲取暴利，想都沒想過會被這樣說，比起驚訝、憤怒，更直接的感受是傷心。

或許是聽到這些風聲，許久未見的市公所公務員森本聯絡我。

「哎喲，瀨戶你啊，好像不太順利是嗎，沒事吧？我從很多地方聽到你不好的傳聞喔。還有人說被你騙了，你要小心喔。」

我想他可能是想表示關心，但卻沒有設身處地想像站在被說閒話的人的角度思考。聽到別人說有人在說自己壞話，沒人會覺得高興。

對於今後能否堅持下去，我憂心忡忡地打了通電話給佐田，他一如既往一副毫不在意的樣子。

「**被反對或說壞話**㉜就表示有被注意啦，比起什麼都沒說的，這樣才表示我們真的有深入這個地方。反正成功也會被罵，失敗也會被嘲諷『你看吧』之類的。在小地方做生意就是這樣啦。」

㉛ 在鄉鎮市建立事業時，收到黑函、當地的網路留言板上寫些閒言閒語，這類「人身攻擊」的事少見多怪。人總是多少會傷心，這是無可奈何的，但請不要太認真看待，變得憂鬱。此外，會有組織高層指示組織裡的人「不要跟那人往來」等明顯妨礙合作的命令，或者無法公平競爭。在這種情況下，務必不要迎合對方，採取對方所說的做法妥協，犧牲了收益。

在鄉鎮市要做些什麼，似乎比想像中辛苦，逐漸擔心起這般心神脆弱的我是否能堅持下去。

❖

所幸之後沒再發生什麼大問題。其中以學齡前兒童為對象的英語會話教室更是大受歡迎。在自家經營時學生只有四人的會話班，後來折服於老師開朗性格魅力的在地大叔極力口耳相傳推薦，半年就成長到超過六十人。一樓的餐廳也廣受好評，最近還有各式各樣的在地生活情報刊物報導，趕集販售也很順利。有熱門店家在市集擺攤時大排長龍，已經發展成單日營業額超過三十萬。

夏季將至時，在進駐店家的定期會議上，有人提議舉辦夏日祭典，配合八月中元普渡期間市裡的祭典，舉辦夜間市集。去年說明會上出現的點子，也就是電影放映會，或許終於能夠實現。

到了這個階段，開始偶而有人聯絡我或佐田希望進駐，即使並非招募期間還是有人來詢問是否有空位。後來討論到要讓這些申請人以一日為限參與夜間市集。佐田好像已經開始思考下一步了。

32 有些人聽了不好的傳聞就中止合作，有自以為這邊有難要來幫忙的怪人，還有沒去問他卻自己跑來說「有這樣的小道消息唷，你要注意」那種揮舞正義大旗的類型。

梅雨季期間某個晴天，濕氣不太重，佐田邀我到院子裡喝一杯。

「既然我們收到這麼多想進駐的詢問，就此止步的話是不行的。我想是不是該來籌劃下一個地方了？」

我大致滿足現況，根本沒想到這麼遠。

「但是我們市裡的問題就像我之前說的，是沒人要出租。只有阿公開的房仲公司，跟他們講話只是被迫與他們喝茶聊天。我實際上也努力去跟屋主個別交涉過，不是沒在住卻說『某天可能會用到』，就是屋主老婆婆說好，最後關頭跑出住在東京的兒子要求付**天價房租**[33]之類，真是不像話。說到底，早已人去樓空，連是誰的都不知道，根本沒人可問的房子，越來越多啦。」

「是不是不改變尋找方式不行呢？總之，我們先在官網放上徵求不動產的資訊怎麼樣？」

「哈哈哈，這樣行得通的話，大家就不會這麼辛苦啦。」

確實如此，並非所有人都想在網路上尋找房客。雖然市公所編列預算建置類似**空屋銀行**[34]的東西，上面刊登的卻大多是破舊不堪的老屋，根本沒有正常的房子。

33 有一種令人困擾的情況是，將周邊每月每坪單價等租金一字排開，因為不想被說「那傢伙便宜出租拉低行情」等閒話，大家一起哄抬價格，讓空店乏人問津。

「空屋銀行也是，市公所做的事總是沒有對症下藥。公部門主導的空店策略，只要閒置的店有人使用就任務完成了。只是啊，開店的人是想著要賺錢才開店的，開了店卻不賺錢，根本一點意義都沒有。說到經營事業，當然最後還是每家店的老闆的責任，盡量利用口耳相傳之類，透過相關人士的協助，以事業成功為目標才是正道對吧？這麼做只要有一個人成功，『店開在那一帶會賺』之類的話就會傳開，吸引更多想開店的人來，空店就會越來越少。而且如果沒什麼空店了還是有想要來開店的人，那麼租金就會上漲，就是這麼單純。連這樣的道理都不懂，只是在日本各地到處亂推像打地鼠一樣的補助金空店對策，不要說不會帶來任何改變，店家只會受補助後變便宜的房租吸引，等到補助金沒了就會立刻退租啦。」

看來大都市以外的地區會衰敗，不全肇因於人口減少，佐田讓我逐漸理解了這一點。我以前認為在地的事情、地方事務都由公部門來做就好，但事情似乎不是這麼單純。倘若不能倚賴政府，就只能我們自己來想辦法了。

「啊，最近在東京有個同鄉聚會，我被同鄉會叫去講講老家再生的故事。我會直接在聚會上問問看有沒有人家裡有空房子。」

「什麼嘛，居然有這事。同鄉會會來不少人，說不定不錯，去放聲告訴大家吧！因為你說話很

34 近期日本國土交通省提撥預算統合各地方政府各自建置的網站，設置「空屋銀行」網站。然而，這項措施仍然無法解決找不到屋主或不想出租的不動產等問題，加上積極想出租的房地產早已刊登於民間的出租綜合搜尋網站，讓空屋銀行某種程度上找不到定位。

小聲啦。」

佐田豪爽地大笑，一口飲盡凍得冰涼的威士忌蘇打。

❖

梅雨季很快就過了，不知不覺來到同鄉會的季節。回想起這半年來，我好像不小心來到之前從沒想過的境地，從老家該如何處理這般切身的問題開啟的事業，一不留意膨脹到家鄉的未來該如何的課題。

這類在東京舉辦的市長與旅居外地的鄉親的同樂會，我從來沒受邀參加，這次突然被邀請。在家鄉出版生活情報刊物的地方報社子公司負責這次活動，好像是該公司推薦我。但我一點都不想聽市長硬邦邦的致詞，又想到上次活動後變得疏遠、還不時傳些討人厭訊息的森本可能也會到場，讓我心情越發苦悶。考慮到可能可以認識住在東京的屋主，我心裡才稍微舒坦一點，說不定會促發些什麼。

下一步策略

「接下來先請市長為我們致詞。」

距離上次聽市長致詞已經過了好一段時日，那次是在那場大家都知道的失敗的地區活化活動上。在東京召集家鄉的鄉親參加的聚會已持續舉辦超過三十年，每年介紹家鄉生產的新產品等等，目的是希望獲得鄉親的支持。最近雖說返鄉、移居者更受矚目，但其實如果有機會不少人想要為家鄉盡一份心力。借助活躍於東京或國外的鄉親之力，這個想法本身就相當美妙吧。

創辦聚會的是三任之前的市長，他甚至被奉為「中興我市之祖」（他開創運輸公司，邊增加稅收邊有效減少市政支出），只不過現在的市長與他不同，百分之百只想著建設，滿腦子都是怎麼從國家掏錢到當地揮灑㉟。

「嗯，剛提及政府發布以鄉鎮市為對象的示範計畫，我們雀屏中選獲得認證。這讓我們有機會取得豐沛的相關經費，來挹注建設新的地區

㉟為了獲取新的預算撰寫所需的計畫書等，基本上都是由公所內聚集優秀人才的企劃科負責。但實際上要是不多設想提案政策和計畫，上司、議會、甚至有時是自詡為市民代表的各類團體會從中阻礙，讓計畫不得不變得錙銖必較。這樣的計畫即便取得預算，最終也很難有什麼成效，只是消磨優秀年輕公務員的氣力，其後更誤以為放棄才是成年人應有的做法，反而變成妨礙的那一方。要化解這種狀況，必須由上層另立有別於既有組織階層的幹部、中間管理層、執行團隊，且不是爭取國家預算，而是傾力於運用公共資產等來創造盈利的事業，並以此評價人事。

活化據點。嗯，希望能善用這筆大型預算來創造活力。嗯，也煩請居住在東京的各位務必支持。」

鄉鎮拿到高額經費就能浴火重生的話，沒人會在泥沼中了。我回想起先前的活動，邊嘆了口氣。又要多蓋一座蚊子館了嗎？會場飄蕩著一股冷清氣息，市府職員等幾個人零零落落地鼓掌。自從現任市長上任後，我們市裡陸續興建了沒有可展示的藏品，只能舉辦特展或展出在地業餘愛好者作品等的美術館，徒有其名卻誰也不停留休息的「小憩廣場」，還有沒有市民在活動的市民活動協力中心等等，讓財政越發艱困，也開始流傳起不好的傳聞。公共工程的恐怖之處在於無論開發時從中央拿到多少錢，其後的**維護管理費用都必須自行負擔**㊱。而且事實上，後者的費用超過開發費用。

無聊的致詞後是站著吃的宴會，我很快就被根本不想碰見的森本發現，他向我走來。

「哎喲，瀨戶你這傢伙，是在避著我吧。」

一般來說，就算注意到這件事，也不會直接對本人說吧。

「沒這回事啦。」

「說到這個，市裡那些不好的傳言沒事吧？不要枉費我偷偷向你通風報信的好心耶。啊，你今天要簡報吧？在這種氣氛下應該沒人想講，你應

㊱ 開發設施物時，相較於建設費用，蓋完之後更花錢。如計算開發完成後的維護管理、定期的大規模修繕、最後拆除等整體費用，基本上約是開發費用的三到四倍。舉例來說，三十億公共設施從中央獲得十五億補助，考量維護管理費用，總計九十億中其實只取得十五億。現在還是有許多地區不討論「該地方政府的預算、民間的租金等是否足夠應付剩下的七十五億」，只拿從中央獲得十五億當作功績。但實際上卻是拿到十五億，要自掏腰包七十五億的天價購物。

該不知道這種狀況，但每年都這樣，宴會裡大家站著吃到最高潮的時候講話，根本沒人會聽呢，啊哈哈哈。」

得意洋洋地對接下來要簡報的人說「沒人要聽」，這傢伙真的渾身上下都惹人厭。

「就、就算沒人要聽，我已經答應了就會全力以赴。」

「好，就盡你最大的努力，不要結結巴巴喔！啊，課長！好久不見！那個呢，我有些事想找您商量！」

森本大力拍了下我的肩膀後，回到市府職員聚集的桌子去，邊朝長官諂笑邊一一幫他們斟酒。

「雖然還在懇親會途中，但接下來將進行每年固定的活動，請到今年在我們市裡最受矚目的商品、事業的推動者來演講。首先是翻修老家瀨戶商店，打造全新商業設施『櫸屋』的瀨戶涼先生。煩請。」

我站上舞臺接下麥克風後開口。

「啊，晚安。嗯、那個，我的名字不是瀨戶『涼』，是瀨戶『淳』。請、請多多指教。」

連輕易就可查到的名字都不先查，代表這個活動多麼隨興。主持人好像沒聽到的樣子，皮笑肉不笑地直盯著手上的紙張。

我依序說明父親過世後母親獨自經營店鋪，後來不得不關門，目前有七家店進駐並各有成長，絕不需要只看人口減少等宏觀因素就感到悲觀。接下來也沒忘記呼籲，目前的課題是雖然市裡有許多待租房舍卻無法活用，如果有人想給年輕人一個新的機會，願意出借家鄉的不動產的話請聯絡，順利達成我今天的任務。

的確如森本所言，根本沒人在聽，與會者或是各自進食、或沉浸在與認識的人的聊天當中，對臺上的聲音充耳不聞。幾乎只有主持人在拍手，就連邀請我來的市公所那桌都沒人面向舞臺，實在欺人太甚。

不過不得不接受吧……，也沒辦法。等等吃個飯就回家吧。

正當我拿著盤子轉來繞去物色餐點時，突然有人從背後叫住我。

「你好，你是剛剛在臺上演講的瀨戶先生吧？」

待我轉過身，一位年長的女士向我遞出名片。

「是，我是。不、不好意思。可以稍等我一下嗎？」

我慌忙把盤子放下，卻無法順利掏出自己的名片，那位女士先接著繼續說了。

「這個會場真的除了老頭還是老頭呢！我對這種場合實在沒辦法。說到我，國中就搬家了，對家鄉根本沒有什麼特別的回憶。之後跟在東京認識的人結婚，搬家碰巧搬回去，真的就是碰巧，偶然還真的是很恐怖呢。老公家原本是開文具行的，婆婆很嘮叨，所以我們不太回去。老公真的在這種時候一點用都沒有呢，就是這樣才會一直沒出息……啊，我叫望月，請多指教啦。」

沒人問她就自己突然提及私事，讓我不知該如何回話，不過我知道她口中的文具行的名字。

「咦，文具行是車站前那條路跟國道交叉口旁轉角那家店吧。我知道唷。」

「哎呀，您知道啊？其實我老公前年突然過世！然後之前公婆過世時，他繼承了那家文具行的店面跟後面的小公寓，後來就變到我手上。雖然其實還有其他更多更好的不動產，但老公家很多貪得無厭的兄弟呢，我家老公，嗯，排行老四又懦弱，結果就抽到了下下籤。我到現在想起來還一肚子火！不只店鋪的建築用不到，公寓也幾乎沒人住。房仲公司那些沒用的老頭拿著荒唐的整修工程提案來，說什麼『不整修的話就租不出去』，就被我轟出去啦。他們根本**不想花力氣把空房租出去**㊲。難以置信！結果只是每年讓我付房屋稅、地價稅而已。我真的是看到這些公務員，就忍不住對他們把稅金浪費來辦這種爛活動火冒三丈！你啊，不能幫我想想辦法嗎？」

有點難分辨應該稱呼阿姨還是奶奶的望月女士，機關槍式的一番話讓我有些畏懼，勉強擠出幾句話。

「您說手上有可運用的不動產是真的嗎？下次請務必讓我跟您詳細請教。」

「哎喲，請你一定要來。我基本上都在東京呢。我等等要跟大保險公司的社長們聚餐，不能跟你聊了。真抱歉呢～那就再聯絡唷。知道嗎？請牢記在心喔。」

㊲ 房仲公司的老爺爺常見令人困擾、冥頑不靈的類型，如果有人拜託「請租給我」，他們會不斷表達「不能買賣兩邊都收手續費的話就無法仲介」，或為了保障自己的手續費收入而要求「租金絕對不可調降」之類。他們太習於過去持續很長一段時間，供給趕不上需求時代的買賣習慣。相較於租賃仲介，更想從買賣仲介來賺錢，所以不會花力氣替空店找租戶。更重要的是，他們本身在輝煌的時代買下多處房地產，不愁吃穿，一開始就缺乏熱情。想改變地區時，能拉攏熱忱的仲介公司成為夥伴非常重要。

望月女士等不及我的回應，似乎為了趕赴聚餐翩然離開了會場。這、這是怎麼回事呢……？我被她的氣勢震懾，好一會兒回不過神來。她真的願意租給我們嗎？我搞不清楚她是覺得困擾還是不困擾，總之應該不是壞事。

顧不得我放在一旁的盤子，急忙跑出會場打電話給佐田，傳達訊息的步驟讓我急不可待。

「唷，佐田，不得了了！有人來商量出租了。我之前剛跟你說過的同鄉會報告後，機會突然從天而降。」

「啊，真的嗎！什麼都是試過才知道呢。」

「你知道交叉口轉角那棟三層樓的鋼筋混凝土老建築嗎？本來是文具行那裡。」

「喔喔，我知道我知道，是那棟小樓房啊。」

「沒錯、沒錯，還有那旁邊的公寓好像是同一個人的。剛剛那裡的屋主來找我說，兩邊她都覺得很困擾，想跟我商量看看怎麼處置呢。只不過她講話太快，我還搞不太清楚狀況，下次再約在東京細談。」

「太好了，你要好好跟她談喔。再跟我聯絡，嗯啊，這不是好兆頭嗎！」

電話就在佐田宏亮的笑聲中結束。我由衷感到凡事先積極嘗試最重要㊳。正如佐田所說的，不先說出口的話就不會有人注意到，正因為傳達了某些訊息，才會得到回音，不出聲就不會有進展。

當我意氣飛揚地回到會場，先前擱置的餐盤已被收走。重新拿了盤子，終於能夠拿取已經所剩無幾的餐點，接著坐到會場角落的椅子上吃了起來。這次跑向我的換成森本。好不容易可以開始用餐，總是礙事的傢伙就來了。

「瀨戶你剛在哪裡啊？我一直在找你耶。」

「抱歉。我剛在外面講電話。怎、怎麼了嗎？」

反正他就是來酸我一句的吧。

「不是啦，是市長說想要親自來跟你打聲招呼。我說你這傢伙現在吃什麼飯啊。等等再吃，來，放下盤子！快來這！」

我被硬拉起身，他拖著我的手來到市公所相關人士占據的桌子。這傢伙每次都這樣硬來。

除了市長，座席上還聚集了官員、議長等人。森本一臉諂笑說：「這人是我同學，從以前就很遲鈍唷～」那態度明顯把我當自己手下在介紹。

市長沒在聽森本說話，他從身旁的祕書機敏遞給他的一疊名片中抽出一張遞給我，用沙啞的聲音開始說話。

「我是渡部，咦～你叫什麼名字呢，啊，瀨戶？我有聽你剛剛說的喔。你說我們市裡還是有開

38 詢問那些不停抱怨客人不來、沒人幫忙的人「那你有多積極去推銷呢？」、「即使無法立竿見影也定期舉辦說明會嗎？」，大多什麼都沒做。花在抱怨的時間只是不努力光自尋煩惱罷了，證明仍有餘力。感嘆組織不懂你的話，只要先跟組織內的一百人說明就好。在鄉鎮市公所工作者的實際例子是，埋伏在廁所前等到部長、在會議後說只要五分鐘請讓他說明，等到向超過五十人說明後得到直接向市長報告的機會，現在更設置了專門課室運作活躍。在煩惱之前，還有其他能做的事。

發各種商業設施的機會，讓我信心大增呢。我們現在跟國土交通省的八木原副市長[39]他們，訂定各種市中心區再生的相關計畫，你的話很有參考價值。還想跟你多多請教，下次請務必來跟我們聊聊，拜託了。」

他緩緩朝我伸出手，我也慌忙伸出右手，被大力以政治家獨特的握手方式緊緊握住，相當厚實的一雙手。道別之際，他砰一聲拍在我背上說「萬事拜託了」。當時我對他這聲拜託所指何意，完全一頭霧水。

❖

等到梅雨季結束那天，我與望月女士約在東京的田町討論她名下的不動產。相約的地點是巷弄裡的蕎麥日本料理小店。因為比約定時間稍微早到一點，我拿出筆電打算回信，這時店員聲音宏亮地傳達。

「您的朋友到了。」

快步走進店裡的望月女士就座前突然開口。

「真的是，你這麼忙真不好意思呢～我已經跟剛剛在一起的朋友說接下來還有事，但還是結束不了。這些老奶奶說起來真是要不得吶，講起話來沒

[39] 有些地區的地方政府設有歷來都用於接收從中央各單位借調來的官僚的職位。又或是在預計進行大型開發案等時期，市長直接請求中央各單位借調人才。大多是希望藉此更容易獲得中央預算。借調來擔任副市長等的官僚與當地市長一起運作取得中央補助，但這類各時期產生的「示範計畫」不少最後變成當地的重擔。

完沒了！說到我那朋友，她兒子來找她商量孫子要讀的學校，她講了自己的意見後，媳婦好像突然說什麼這跟阿媽你們那時代不同了啦。跑來要媽媽贊助上學的錢，卻不准人家發表意見。這媳婦也真夠莫名其妙的呢。你不這麼認為嗎？」

「嗯、嗯嗯。對，您說得是呢……」

在兩人單獨會面的情況下，她機關槍式的說話方式讓我變得沒有信心能夠跟上。

「啊，對了、對了，差點忘了今天的主題。你可以喝啤酒吧？」

「啊，是，能、我喝。」

「不好意思耶！店員真是不機靈，連這都不來問一下，真是的。」

店員可能從聲音大小判斷出客人的性格，快步走了過來。

「嗯，給我上兩杯啤酒。快點喔。」

這讓我見識到望月女士任何事都急驚風的個性。

「對了，之前我講到哪裡呢？」

「嗯～您提到先生過世後多出了閒置的不動產……」

「沒錯！煩死了。那天聽你說完，我就想你是不是可以幫我想想辦法！光繳一堆稅金哪叫做資產啊，入不敷出的資產根本莫名其妙！我家老公真的是很沒用。」

為了避免火上加油，我試著插話。

「我、我們也很煩惱，如果能讓我們好好運用您的不動產就太好了。我之前打電話跟合夥人說這件事時，他也很高興。」

其實我跟母親打聽了一番，父親生前，望月家跟我們家有不少生意往來。上一輩，算起來也就是望月女士的公公，在商店會、町內會等場合似乎對我們照顧有加。不過母親只知道後來望月家的兒子到東京的大學唸書，後來在大公司上班，還很驚訝他居然過世了。

聽我說完後，望月女士聊得更起勁了，我的話大概只占了一成，談話內容迅速推進。

「那天你在電話裡提到，我就順便帶了我手邊有的建物資料來了唷。只不過房子已經很老了，我手邊根本沒有正確的平面圖，這樣有辦法嗎？不，如果你不幫我想想怎麼辦，我也不知道該怎麼做。」

「是，您說得是。我們夥伴裡有建築師，沒有圖面可能就只能親自去現場看看。我希望您一定也要來我們這邊看看，不知能否跟您約一次在市裡呢？」

「說得也是！就這樣就這樣！」

她立刻從提包中拿出皮製記事本，給了我幾個有空的日期。

40 日本建築基準法設計是「拆除老舊建築新建為上策」，甚至被揶揄不是「建築」基準法，而應該是「新建基準法」。美國所有的不動產買賣案件中有百分之九十是中古屋的交易，英國、法國也有百分之六十至百分之八十。日本近年來終於開始推動加速中古屋流通的政策，但占比仍不到百分之十五。一方面編列預算制定空屋對策，另一方面卻矛盾地發給曾是農地之處的住宅開發許可，或是開發分售高層住宅大廈。德國針對人口減少的都市不發給開發許可，或施行拆除公共設施借用民間不動產的政策。調節需求維持不動產價值的歐洲有諸多值得學習之處。

佐田曾提過老舊建築大多未保留比較詳細的建築圖，或建築確認與興建後檢查完成的憑證幾乎都不齊全，因此**無法大幅翻修建築**㊵，聽到望月女士說有相關文件讓我暫時鬆了口氣。

現在是嬰兒潮世代陸續轉換為仰賴退休金生活的時代，鄉鎮市的不動產幾乎都由因唸大學、求職等離鄉的兒女繼承，因而增加了許多不住在當地的地主。更糟的是兄弟姊妹共同持有一棟建築的情況，還有不少**區分所有建物**㊶。乍看之下是閒置狀態，一旦想使用卻發現困難重重。

如此想來，這次實屬幸運，突然有在外地的地主來找我商量，而且不是區分所有建物。

這麼一來，我們終於能邁出佐田口中的「下一步」。

㊶「區分所有建物」是指不同部分由不同人持有的單一建築。看起來是單一的商業大樓，可能每層樓的持有人都不同，也有許多是像分售住宅公寓一樣，同一層樓的相異部分各有持有人。如果持有小筆土地的地主各自興建建築，個別建築就必須設置樓梯、電梯、通路等共有部分，縮減了可出租面積。因此，採取合建方式，壓縮共用區域，增加可出租面積。但等到改建、整建等投資時，多半難以形成共識，只能放任建築越來越破舊。

專欄 3-1

在鄉鎮市經營事業重要的是「區位選定」

相較於受歡迎的地區，衰敗地區有一個優勢是「不動產很便宜」，雖然理所當然卻影響極大。事業中最大的成本是人事費，其次是租金，也就是租借不動產的價格。

然而，就算是衰敗地區，那些過去的市中心商業鬧區，仍會因為不動產持有人不愁金錢、自認不需勉強出租房子而定下天價租金或要求高額保證金，或者可能不管房子原本就老舊，訂下退租時要恢復原狀等僵化的租賃規矩。這些都造就了供需不平衡，甚至使空店永遠閒置。

此外，正如「汽車社會」字面意思所示，一般大多認為大馬路旁較方便，反過來說因為開車移動，所以只要有「目的」，人們的移動範圍極廣。以這類具明確目的的顧客為主，不依賴過路客的前提下，就算不位於主要道路而在巷弄內，甚至更極端的深山裡，所有區位都是相同的。

在栃木等地經營大受歡迎的日光咖啡的風間先生，要開設咖啡廳時，曾造訪當地蕭條的商店街，對方開出天價租金，手頭資金趨近於零的風間先生判斷無法在那裡開業。他後來將自家閒置的部分空間重新裝潢，開設了日光咖啡本店「Cafe' 饗茶庵本店　根古屋路地」。蒐集親朋好友用不到而丟棄的東西來裝潢，以 DIY 方式設計店鋪。這家店附近什麼都沒有，沒人會經過，照著地圖走也很難找到。一開始是鄰居來光顧，後來口耳相傳，吸引遠道而來的客人，現在甚至接受開店的請託。無論過路人潮多寡，能推斷出符合初期事業規模的便宜條件的區位，對鄉鎮市來說就是最佳區位。

專欄 3-2

煩惱資金來源前非做不可的事

在鄉鎮市常聽到「沒錢無法創業」，但其實有必要從「真的需要那筆資金嗎？」開始思考。許多時候會針對地區的經濟狀況、某人過去的成績、經驗等預設過度的投資，簡單來說就是「用太多錢」。不管是否難以回收，也幾乎沒有自有資金，卻想著用別人的錢來實行。不少人是抱著為了地方、為了他人的理想，從事地區活化活動，但事業需要由推動者自負責任來推動。

以自有資金投資，從可及範圍內開始嘗試，成功的話就能獲利，創造出新的資金。像是不新建而以翻修方式創造新的空間，或是開創只要少量本錢就能推動的網路服務，甚至以當地的活動來盈利都有可能。如果只能聚集到少量資金，那麼第一步就是思考用那樣的資金能做的是什麼。

規模即使不大，但只要做出成績，周邊的人看法會隨之改變。先從朋友那裡獲得投資等而擁有更多自有資金，就更可能再從銀行、信用金庫，又或是近年新設的日本政策金融金庫等各式金融機構獲得融資投入事業。請像這樣一步步拓展挑戰範圍，朝更大規模的事業邁進。〔譯注：「政策金融機關」是日本以實現政策為目的，由政府全額或近全額出資的金融機構，「日本政策金融金庫」即其中之一〕

此外，如果未深思熟慮就利用近來常見的線上集資也是一種賭注。事業必須憑一己之力累積資金、創造成績，以先行推銷先取得資金，並確實讓顧客滿意。只因為錢不夠，就想著向他人募款這樣短視近利的態度，才百分之百會造成問題。在鄉鎮市創業時，煩惱資金來源之前，更應該重新思考最初的事業的推展方式。

第四章　批判者的虛張聲勢

就算是在鄉下也看錢

不可思議的是，**一旦有了成果，就算不大，周邊的人看法也會跟著改變，不管好壞**㊷。

原本說著「那種店三天就會倒了」的人，某天開始變成「我也是從一開始就覺得你們會成功，反而很替你們加油呢」。我還聽到曾說「那麼小的店怎麼可能賺錢，我們做了好幾十年辛苦到現在」的人態度一百八十度翻轉，就像有被害妄想症一樣在聚餐時嚷嚷「拜那家店所賜，我們的客人都被搶走了」。自己承擔能負荷範圍內的風險，從事自己想做的小型事業，竟在緊密的人際關係、地區的階級結構裡引起如此大的波濤，產生各式各樣的麻煩等鄉鎮市的現實，我在其中親身體驗後學到了這點。雖然內心某處曾期待我的挑戰獲得某些人稱讚，事實卻相反。無論做什麼都受到批評或被說奸詐，其實讓我心裡很受傷。不過理所當然地，想更珍惜替我們加油的人、跟我們一起挑戰的人的心情，一天比一天強烈。

㊷ 常見的情況是，創業時被說不會順利，等到業績蒸蒸日上又被講獨占鰲頭，只要業績略微下降就被批評是因為見獵心喜。無論被說什麼，只要有顧客支持就能繼續經營，有納稅就對社會有貢獻。更甚者，有盈餘後還能夠投資想支持、協助的事業。許多地方都瀰漫著這樣的思想，認為「地區整體一起變壞」是正確的，只要有誰順利就扯他後腿。重要的是，不被這類妖魔鬼怪的閒言閒語毒害。

再利用同鄉望月女士的建物一事，最初啟動時相當順利，但隨著進度來到討論租金、屋主可投資的金額等之後，突然陷入泥沼。

望月女士反覆說「我不懂做生意啦」，表示不願意投資，急轉直下地堅持「我本來就完全不懂投資，也沒興趣」的態度。儘管如此，不，應該是說只要話題轉到利潤分配，她就向我們要求盡可能多的利潤。雖然我不是不懂她的想法，但本來就沒人要用的建築，不投資只想收益根本天方夜譚吧。然而，根據佐田的說法，這些順勢繼承持有不動產的人對經營一無所知的還不少。話說回來，不久之前，我的情況也大同小異，因此無法鄙視望月女士。世上了解不動產或經營等議題的人仍是少數。

現在回想起來，我當初非常天真，以為和望月女士一起到現場走一趟就能意氣相投。加上急著想實現下一步，光憑「想像」就行動了。

等到我們開始商討整修計畫，以及伴隨整修所需投資的金額、利潤分配等關乎金錢的事項，望月女士突然臉色大變。我想她可能完全不想投資吧，或許只想著全部由我們來進行，自己只要收錢就好。

彼此「心思」各異。要讓自己擁有的不動產再生相當困難，他人的資產難度當然更高。

我與佐田設想的整修計畫，首先是決定如何使用各樓層，將佐田公司的後勤辦公室機能遷移到三樓，讓佐田公司管理、營運「間間間」的職員常駐於此，請他們兼任共享辦公室的帳務、接聽專線等業務。不僅是加重他們的工作量，我們也會提高基本薪資，所以員工能獲得更多薪水。招募後發現，這項計畫對在地小本經營的業者相當有吸引力。

再者，設法讓「共享髮廊」進駐二樓。二樓在幾年前曾是髮廊，還保有當時的設備和器材，只要稍加整修就能使用。佐田認識不少髮型設計師，**大家的薪水相當低**㊸、獎金也很少。其中還有人每個月都有數十名客人指名，卻仍然只拿低薪。也有人認為自行開店可能會受欺壓而不願離職。種種現實造成不少年輕髮型師為了生活，晚上還要在酒店等地方打工，知道這些情況的佐田因而提議「共享髮廊」。

「那個啊，我說你要不要試著自己出來做？裝潢那些我們來，你什麼都不用做。」

佐田向認識的髮型師提出這樣的邀請後，很快招募到四位年輕髮型設計師，他們都擁有約一百名指名他們的顧客。我們認為應該很快就可以募集招滿六個空位。

進駐櫸屋的店鋪經營狀況良好，非常多業者對一樓感興趣。歷經一番苦惱，我們選擇的是**在地**

㊸ 服務業員工薪水低，縱然優秀也無法獨立開業的情況比比皆是。老闆對整體維持生產性低落的狀態置若罔聞，倚賴有顧客追尋的「能人」。但在需要投資設備的行業，沒有開店資金就無法自立。共享店鋪就是針對這樣的結構，讓幾位「能人」共享設備與員工的商業模式。善用留有裝潢的店面降低設備投資，只支付使用部分。櫃檯、窗口、助理等費用也一起分攤。在不動產、設備等變得過剩的時代，受僱者也要改變想法，以更合理有效的方式開展事業，這樣即使在鄉鎮市，人才也有很大機會獲利。

鮮魚批發商直營的壽司店㊹，壽司店前方約三坪的空間租給另一家花店，讓整棟樓營造出絢麗的形象。四樓以上暫時閒置，先使用一到三樓，之後逐步向上整修到六樓。

然而，最重要的針對建物本身的協商卻不太順利。事到如今出爾反爾的話，會給我們邀請的預定進駐店家添麻煩。但如果屋主不願意投資卻要分走大部分利益，我們可以回收投資的時間就會拖得太長，使得風險大於回報。這次與我老家的投資、回收模式不同，我們必須尋求其他解決方式。

「真是麻煩……」

「真的是呢……」

我和佐田在他的辦公室瞪著資料一直看。

從剛剛開始，我們就各自低喃著自言自語，在房裡走來走去思考，卻想不出什麼好辦法。佐田看著建築圖面說起來。

「對了，這棟建築現在的維護費用大概是多少啊？望月女士要我們付那麼多租金管理費，是不是因為實際上她付了很多錢在這上面？」

㊹現實中確實存在因所在地魚貨的進貨店家減少，批發商直接經營餐廳，垂直整合成功的企業。酒商也是一樣，當地的店家減少變成幾乎都是連鎖店時，就會失去客戶（連鎖居酒屋經由總公司進貨），從而轉向自營餐廳或酒吧等。如此一來，可以用批發價進貨，也可將原本公司的資源轉作後勤辦公室機能。其後只要能創造有吸引力的店家並維持一定營收，當然就能提升營業利益率。近年來，在鄉鎮市這類由批發商或製造商直營的餐廳日益增多。

「我們的確沒有問過她現在付多少錢。」

「總之我們先不要提到租金，去問問望月婆婆目前付多少維護費用，還有她希望手邊要有多少錢，試著跟她攤開來說。如果我們能提出降低維護費用的方案，不管對我們或對她都能沒有負擔，節省的費用還可以視為增加的收益，她就沒話說了吧。」

回想起來，當我們討論「要付她多少錢」之前，確實從未問過望月女士**維護建築的費用**[45]是多少。在對方沒有投資意願的情況下，我們只能先整理各種契約，試圖從中找出「止血」的策略。

❖

「望月女士，關於這棟建築的電梯管理費等保全設備的契約，目前是什麼狀況呢？」

佐田完全不迂迴，單刀直入地提問。總是話說不停，連沒問的都回答我們的望月女士，被這意想不到的提問，弄得眼神飄移了一瞬。

「……管理費每年都從銀行戶頭自動扣繳耶。我們繼承時手邊已經沒有那些詳細的契約了，每個月就跟當時一樣自動扣繳。費用非常高，但他們說是因為建築老舊，還說電梯機種很舊，快沒有零件可以換了，接下來必須更

[45] 許多鄉鎮市的不動產持有者不清楚自己擁有的建築每月每坪的維護費用是多少，出租時隨意開價。相較於清楚希望一坪能收多少租金，對成本卻一知半解。不少例子是審視後發現物業管理公司漫天開價，或是如今還支付著上一代在五十年前跟業者口頭約定的金額。莫名昂貴的維護費用轉嫁到房客租金和管理費上，陷入空店沒有人要承接，營收也未能改善的惡性循環。

新。真的是只會花錢，討人厭！」

雖然她幾乎沒有提及實際數字，但她講這段話的魄力，讓我們實實在在感受到她的困擾。

「我們昨晚想到，如果能將目前支付的金額做一次整理，或許就能改善整體建築的收益能力。就算我們能支付的租金管理費不會比現在更多，只要改善成本就可以直接增加收益，您可分配的金額也會變多。」

我直接轉述昨晚佐田跟我說的，向望月女士說明。

「咦，這樣唷。是這樣的嗎？那等我回東京看存摺確定每個月扣繳的費用是多少，再跟你們聯絡，你們考慮這點之後提案給我！要是敢敲詐我，一定饒不了你們……」

果然如我們所料，望月女士內心的想法是往後整修建築的工程等要花不少錢，所以更偏向「想至少多存一筆錢」吧。倘若如此，我們就有贏面，讓人窒息的氣氛也稍微變得輕鬆起來。

❖

幾天後，佐田看著望月女士送來的影本資料大吃一驚。

「這也貴得太嚇人了吧……」

不出我們所料。

沒有管理不動產經驗的人，繼承房地產後被趁機索取了天價管理費。電梯、樓面打掃、垃圾處理、消防設備檢查、保全系統等簽下各種契約；換言之，負責整體管理的管理公司十分草率。

「幾乎所有價格都是我們的兩倍耶。而且明明不是多大的建築，垃圾處理和樓面打掃都快我們的三倍價了，這根本是敲詐。」

佐田曲起大拇指和食指比出錢的手勢後冷笑。

「都重新找廠商報價看能降低多少好了，光這樣應該就能大幅降低費用。」

「那我也查一查幾家在地的電梯管理公司好了。」

正當我要打開電腦時，佐田阻止我。

「不，等等。反正之後有其他屋主來找我們商量時也會碰到同樣的問題。就這樣去找個別廠商用一般方式請他們報價，想得太簡單了吧。家裡做建物管理的種田前陣子回來時，我剛好去打過招呼，我們要不要拜託他看看。高中時那傢伙欠我不少，應該會努力幫我們吧。」

「佐田你才是，不是還欠後輩錢沒還嗎？」

「哪有！我才沒有跟別人要錢哩。那是大家看我可憐『給我』的啦。不要講這種會讓人誤會的話啦。」

我默默想著……我也時常被佐田使喚，說來他欠了我不少人情債，只不過我實在很難把這些想法說出口。

佐田露出邪惡的笑容，隨即拿出手機打電話給種田。

「喔，種田嗎？聽好了，我接下來要說的話，你要答『是』或『ＹＥＳ』唷。」

說是拜託，根本是威脅吧。

「咦……唔……嗯，怎麼了嗎？學長您這樣我很怕耶。」

連在旁邊的我，都能透過話筒感受到種田的驚慌，不，應該說是畏懼。

「我接下來要再利用的建築管理費超級貴的啦。我希望能全面一起降價，但不能降低品質，懂嗎？你可以報價或提建議案給我嗎？」

「是、好……但沒有詳細資料無法計算，能否請您給我相關資料呢？」

不愧曾是社團的前後輩，縱使已經畢業了，上下關係依然很難輕易抹滅。我們很快彙整資料傳給種田，隔天他就送來了重新計算過的資料。依照那份資料，過去每個月全部加起來約二十萬的維護費用，似乎能降到近半價的十萬以下，如此一來每年就會多出一百二十萬，節省的經費還可直接視為收入，影響甚巨。

資料傳來後不久，種田打了電話給佐田。

「我回鄉後發現靠矇騙賺錢的公司還滿多的，不少屋主對這些費用都想說『從以前就在往來了』，不求改變。另外，如果你們還有其他不動產，跟管一棟比起來，整合管理好幾棟，效率會好得多唷。」

「這樣啊，好幾棟一起的話差很多嗎？」

「像是垃圾處理費，如果一家公司在這個區域負責兩棟、另一個區域負責三棟，在市裡東一點西一點收集垃圾的話，不管人事費或汽油錢都更花錢，營收卻相對少，對吧？但如果在同一個地方有十棟可以整合管理，就能很有效率地一次回收大量垃圾。電梯保養、安檢等等，所有業務都是這樣喔，集約程度高的簽約比較好。」

「是這樣啊！說得也是，整合在一起比較好。但為什麼你家沒去提這種案啊？」

「就我家老爸也是到處去提案了啊。只不過建物管理的資訊，越是從前的人越像是黑箱作業，不想被附近的人知道祕密，或者討厭隔壁鄰居不想跟他一起之類的理由，結果大家都各簽各的啦。」

「真蠢啊。不過這樣一來之後反而是個機會。」

據種田說，**中小型大樓的持有者**㊻一同簽訂委託合約這類合乎情理的做法，仍然只在一小部分地區實行。相對於連鎖店依總部、各區域聯合委託，在地的中小型大樓和店鋪被迫簽訂超過服務價值的合約，從而讓他們即使營收相同，也因為這些條件不佳的合約，變成營業利益率較低的財務結構。

㊻ 地區的業者通常不會在當地談論自己事業的營收、盈利等，也不會分享經營上的問題並力圖解決。因為各業者處於商業競爭對手的關係，如果賺錢會成為嫉妒的溫床，不賺錢則會覺得羞愧。這樣的資訊不對等更造成無法合作採取較佳的物業管理等聯合委託的做法，有時同一條商店街隔條路就是另一個組織，彼此無法合作而衰敗的案例比比皆是。不應該只活在某一地區內部的狹隘世界觀裡，必須知道「敵人在外」。

「這種事在鄉鎮市少見多怪啦。總之，先跟屋主望月婆婆提議看看。你這傢伙一起來唷。」

「是、是的。還請多指教！」

雖然種田戰戰兢兢地回答，若是這樣的方式順利推展，對我們或對種田，甚至對屋主來說，都確實是件好事。我彷彿看到克服困難的新希望。

❖

那個週末，佐田和種田，還有我陪同，向望月女士提議我們的新方案。連平常頗為強勢的望月女士，這天看來也憂心忡忡。

提案的目的是讓望月女士了解，有方法降低風險、增加收益，消除她的疑慮。佐田率先開口。

「先招滿進駐店家提升營收，再加上讓從前昂貴的建築維護管理費變得更合理。我們會以這兩種方式來創造收益，定好分配金額的話，對望月女士來說應該沒有太大的風險。這次提出的計畫書還包括建築未來的修繕費用。我們依據這份計畫書來提供幫助，所以請您大可放心。」

對策的提案是由種田提出。

「我到現在居然多付了那麼多錢……啊，真的很火大耶！我決定跟那家管理公司解約，換到你們這邊。其實我不知道整修要花多少錢，很擔心之後會怎麼樣呢。所以聽到租金也可以支應這部分費用，實在讓我太放心了。」

佐田瞬間瞥了我一眼，望月女士果然是因為模糊不清的前景而感到擔憂。

「是啊，我們收到您的資料也大吃一驚呢。至今為止的費用實在太貴了。整修的相關預算倘若也能依照我們的提案來預先儲蓄，風險其實不高。那麼是否可以容我們進入簽約階段呢？」

或許是望月女士認同了我們，她立即回覆。

「好，就繼續進行吧。」

我們都很樂見這次面對面談清楚，我一度還想事情不知道會演變成什麼樣，沒想到最後成為讓我們發現地區整體管理費用問題的契機。增加新的收入之前，先改善現有支出有助於解決地區的課題。在「**量入為出**㊼」的大原則下，不僅是單一建物，還可應用到地區整體。

「啊，接下來要忙起來囉！」

回程時，佐田的一句話，不可思議地讓我情緒高昂。這樣因忙碌而覺得高興，在公司的工作中已許久未曾經歷而遺忘了。

㊼ 著名的「量入為出」一詞，出自中國古籍《禮記．王制》中的「以三十年之通制國用，量入以為出」。以三十年的預期收入來進行合適的投資一步步成長，從收入支付每年的必要經費，回收初期投資。打造北海道札幌原型的大友龜太郎，據傳投資農地開墾所需要價三千億日圓的基礎建設時，擬具最初到三十年間的整體收支，並包含移居農民生活的計畫。現在很多人只會反覆說錢不夠。重新審視支出，由虧轉盈，再以盈餘調度更多資金，投資下一步能拓展的事業，唯有創造這樣的循環才能推動地區發展。

「你也老大不小了」

「今天順利開張了！真的就像做夢一樣！」

或許是因為緊張，屋主望月女士用與平常不同的高亢聲音致詞，化妝看起來也更用心，頭髮更是造型完整，完全透露出「我今早去了趟美容院」。

涼爽的秋風吹拂過站著的聽眾之間。

上次討論過後，望月女士的建築再利用案進展相當順利，接著在邁入深秋的十一月終於安然開始營運。時節正好，開幕式聚集了不少人。相較於我老家整修後開幕的時候，來了許多生面孔，也就是我不認識的客人。

其中有人這樣對我說：

「你是瀨戶先生吧，很期待你們接下來要做什麼呢。」

貌似是經常光顧市集的客人。受到陌生人期待，我也稍微能夠回應那份期待，從中油然而生的自信一點一滴在我心中萌芽。我們所推動的，在我們不知道的地方逐漸掀起大浪，讓我感慨萬千。營運第一天，就在未曾有過的熱鬧場面中落幕了。

原本預計只有低樓層先開幕，後續再計畫高樓層部分，但一開幕就接連接到洽詢：「我也想開店，有沒有空位呢？」同時有人來諮詢：「能不能想想辦法讓我家的不動產再生呢？」感覺接下來會很順利。

我們從將事物一個一個組織起來的階段，進展到同步推動多個專案的階段。與此同時，因為回覆洽詢的速度緩慢，漸漸讓我越來越焦躁。這樣下去好嗎？

❖

在家鄉每個月一次的會議上，我對佐田訴說心中的憂慮。

「那個啊，最近不是慢慢地甚至有人來信詢問嗎？我有注意到的時候會一一回覆，但是我的工作最近忙得不得了，不太有辦法盡快回信……很怕這樣下去說不定反而會讓我們失去信用。」

「是啦。」

佐田用比平常更慢的速度說話。

「像現在這樣個別對應成不了什麼大事。為了讓我們從等待變成更主動出擊㊽，不改變做法的確不行。到

㊽ 但請注意，最開始不可聘僱專職員工。理由有三：（1）最初的日常業務量不到全職程度，毛利將幾乎被人事費用耗盡；（2）包含文書工作等業務，只要委託給各相關公司辦理，大有機會順利運作；（3）一旦聘用專職員工，相關往來人士會產生依賴，不自行努力。如果各自分擔的工作中，每個人都沒有把自己視為局內人，無法在衰敗地區產生突破困境的力量。

目前為止，我們都是有人拜託才開始思考，之後必須要有我們自己『希望這個地方變成什麼樣子』的願景，或是『希望吸引什麼樣的人來這裡呢』的想像，如果不這樣做，會讓我們的**每一個計畫變成各不相干**[49]。」

我對他說的完全沒有異議。不管是那些好不容易產生熱忱的希望承租人，或是來詢問再利用的屋主，回覆過慢會讓他們失去興趣。我們必須從根本改變做法。

「但是！」

佐田的語氣變得比較強烈，繼續說明。

「其實不難解決。只要你回鄉來把這些當作本業努力，或是找看看有沒有有能力的傢伙僱用他。這兩個方法其實等於一個啦。」

他舉起右手的兩根手指，左手來回摸著。

「所有事情都是一樣的，**必要的時候，如果該去做的傢伙自己無法下定決心，就會停滯不前**[50]。」

佐田說完這句話之後就站起身來，拉開滑動不太順暢、發出巨大聲響的拉門，走到室外抽菸。

[49] 許多案例是第一樁事業在順勢推動下得以啟動，卻在開始出現盈餘時，因鬆懈而無法拓展到下一步。又或是就算持續推進到第二樁事業，卻因沒有共通願景，導致無法維持熱忱，終告失敗。這時重新出發的共識營相當有用。

[50] 毫無動靜時，大多是因為該做的人在應該採取行動之際，自己無法下定決心。所有人都在想「會有誰幫忙做」。強制分配是沒有意義的，基本上應採取自願者舉手的方式，由個人自主行動。

當天晚上，我翻來覆去就是無法入睡。

雖然躺在被窩裡，卻怎麼都難以靜下心來，拿起手機試著搜尋「辭職方法」。我想都沒想到，為了結束老家的店而往返東京與家鄉，最後居然讓自己開始思考要不要辭職。在被窩裡冷靜下來後，我不禁笑了出來。

❖

從前我不善於決定要不要放棄，選擇學校是用自己成績可及的範圍，大家都去東京所以我也跟著去，在少數幾家願意錄取我的公司中選了一家，都沒什麼理由。回憶過往人生，我發現雖然有做過選擇（但幾乎都不是自己主動的），卻從未決定放棄。

公司的工作雖然辛苦但不討厭，只是在過於複雜的組織內部協調作業或遭上司背叛時，不只一兩次發誓要「辭給你看！」，卻沒有真的辭職的勇氣。可能因為至今除了工作之外，我沒有其他真正想做的事。然而，家鄉的活動是我們自己決定、自負責任推動的，做出成績會受到讚賞，還能得到報償。這樣的效果讓我確實感受到獲取的金錢可能變成自己的收入。

爺爺的口頭禪「做生意不會膩」，我到今天才終於能夠稍微領略。雖然一瞬間出現等手上工作告一段落就辭職的念頭，但工作上同時在做好幾個小專案，實在不知道什麼時候才算告一段落，腦中就這樣浮現千頭萬緒又一一消失。

因為老家與望月女士的樓房再利用，我和佐田的新公司已有一定收入，應該不會全無進帳。拓展事業的下一個專案也有了頭緒，而且設想到一定程度。雖說如此，或許是我已經習慣將未來託付給組織，讓組織來保障，對將來的生活要由自己來維持這點感到無比沉重。還是端看新公司成長到什麼程度，我才能辭職呢？但這樣一來，是不是又把問題推給別人，自己沒有下定決心呢？

「自己無法下定決心，就會停滯不前啦。」

佐田的話清楚明白，卻十分沉重。

❖

我想著獨自苦惱會沒完沒了，回到東京後邀同事佐佐木去喝一杯，道出煩惱。

「那、那個啊。其實我在想要不要辭職……之類的，你覺得呢？」

我平常不會特別向其他人說整理老家的事，但偶爾跟同時進公司、合得來的佐佐木提起。

「咦，辭職!?為、為什麼？」

佐佐木很高，但因太削瘦而沒有威嚴，跟我一樣沒什麼主見，在公司裡平凡無奇不起眼。他是那種工作認真負責，所以沒人想做的工作總是落在他頭上而吃虧的類型。我們個性相仿，自然相當投緣。

「我跟你講過的那個事業啊，現在已經有模有樣了喔。越來越多人會來找我商量，我想之後只做這些工作好像也不錯吧……」

「不是啊，你不是說在老家那邊，有那個叫做什麼，就那個很可怕、以前都叫你去跑腿的那個誰啊？」

「是佐田。」

「對、對。你不是還在那害怕哪天又會被那傢伙呼來喚去嗎？」

「沒有啦，雖然一開始還是覺得很恐怖，但他真的很厲害耶。那傢伙自己肩負責任做了很多事，我們明明年紀一樣大，他卻跑在好前面了。」

我毫無保留地說出自己的感受。

「但是吶，生活之類沒問題嗎？我是一點都不覺得那樣的工作能維持生計。就算無聊也繼續留在公司工作，未來比較有保障也更安心吧。」

「嗯，說完全不擔心是騙人的，但我覺得很開心、很充實。現在的事業姑且是有收入的，看起來不會落得沒半毛錢。我活到現在，做任何決定都不積極，我覺得這是第一次自己來做決定，而且有機會完成什麼呢。」

佐佐木一臉目瞪口呆，神情明顯透露出他完全無法理解。

「你說的是現在吧。那種生意根本不知道以後會變怎樣。你也老大不小了，光看開不開心就不停換工作根本沒完沒了。何況要在小城市做生意過活太不切實際了吧。你再**更認真**[51]考慮清楚啦。」

[51] 跟同事商量這類問題，幾乎都會遭到反對。原因之一是他們無法想像受僱以外的生活，其次是自己也是邊忍耐邊工作，不想相信有人可以創業成功。因此，找人商量時，最好聽取處於自己目標境界的人的說法。跟那些不在自己目標所指方向生活的人討論，毫無意義。

我內心某處抱持些許期待，覺得對方或許會支持我，因此讓我有些受傷。確實，如果是不久之前的我站在佐佐木的立場，或許也會說出同樣的話。我看著佐佐木的反應，彷彿看到一年前的自己。**置身這間公司，在公司裡度過日常每一天，就無從得知的世界**(52)還很大。我已經認識了那種快樂，因而慢慢轉變了。最後我隨口應付了佐佐木。

「你啊，去東京唸大學還工作了十年，連這樣的計算都無法馬上算出來，到底都做了些什麼啊？」

回家路上，從前被佐田唸過的話浮上心頭。我過去的人生習慣分工作業，在從來沒有自己從無到有創造些什麼的經驗下度過，未來可能也不會有任何改變吧。但是現在的我，已經經歷那種親手創造事物的快樂，懂得跟夥伴一起達成什麼的充實感，還有藉此獲得報酬這樣不會令人厭煩的工作型態。換言之，事到如今，我已經無法回頭了。

當晚，躊躇再三後，我還是決定打電話給母親。

「妳聽我說，我想是不是要辭職回去妳那邊……」

母親沉默一會兒後，用嚴厲的口吻回應。

(52) 我在高中接任商店街再生公司社長時，以「破壞職業履歷」為由，反對最激烈的是一起在商店會活動的大學老師們。但那些從高中或大學時期就創業的朋友、從小幫忙做生意的人看來，則覺得「會破壞什麼啊」。我現在能做跟其他人不一樣的獨特工作，讓我覺得當初沒有卻步真是萬幸。

「這樣啊。你有信心自己能夠堅持？沒問題嗎？如果你想著要賴著佐田他們，讓他們幫你想辦法的話，那就不要辭了。你那麼容易被周圍影響，什麼都持續不久。以前學才藝還是什麼的時候，都是這樣不是嗎？」

母親的態度不像是驚訝兒子的提案，更像是早已準備好答案，來應付某天可能會出現的場面。我的答案當然是毫不動搖。

「我知道。甚至還被佐田說這是你自己要下定決心的。」

「是這樣啊。我不是沒感覺你做得很開心。如果你是認真的，我覺得沒什麼不好。反正又不會死啦。說到我，媽媽也是在搞不清楚做生意是什麼的狀況下嫁給你爸，就算他先死了，我還是拚命做起來了。但是，如果你要做，就要盡力。」

我的最後一抹憂心抹除了，身體好輕盈，甚至對一直煩惱至今的自己覺得羞愧。其實我內心已經有了決定，卻太害怕被反對，只是太在乎周遭的眼光罷了。

有一位在我煩惱時總是無條件支持我的母親，我想世界上沒有比這更令人感激的了。

❖

「不好意思，我希望明年二月底離職。」

課長聽到我表達辭意後相當吃驚，表現出跟佐佐木一樣的反應：「那樣真的吃得飽嗎？」考量工作內容，並與周圍同事商量後，我決定時間點就是二月底，會在公司工作到年初，計畫好交接事宜。已經無法回頭了。

走出公司後，我馬上聯絡了佐田。我心想自己不下定決心就沒辦法跟佐田說，所以這一個月左右的時間，除了業務聯絡，我什麼都沒告訴他。

「那個啊，我決定了。明年二月辭掉公司，想去做那邊的事業。」

「太好了！你真是下很大決心耶。看來膽小鬼瀨戶，也是會成長的。」

聽著他一如往常的大笑聲，我莫名對自己的決定有了自信。

「你這個月回來的時候，我們打算去溫泉住兩天一夜共識營喔，大家在那裡一起訂下明年的目標吧！」

「好，我知道了。我會把時間空下來。」

安定的未來十分無趣，我想賭一把在自己開創未來上。即使將來悔不當初，總比後悔現在沒下定決心好吧。

星期五晚上，不知從哪傳來上班族的歡呼，對週末的到來無比期待，週五夜精神亢奮。我已經厭倦這樣的世界，今後我要朝平日才更要開心的日子邁進。

沒有絲毫不安是騙人的，只是過去看來光鮮亮麗的東京在我眼中已經褪色，不再是我的歸處。

下定決心後的反響

「頭好痛……」

我緩緩爬出被窩，走向冰箱想拿水喝。佐田還在爽快地大打呼聲繼續睡。在我決定辭職後首度返鄉的週末，我們一起進行了共識營。

當專案從一變成二又增加到三之後，要是一直為小事不停開會，不僅難約時間，還會拖累速度。全員定期外宿兩天一夜，從早到晚面對面比較有效率，這個想法是佐田提議的。此外，有新夥伴加入時，對人來說，還是當面對話比較能產生信賴感。意料之外的危機接踵而至的**草創時期，彼此有著團隊精神般的心靈上的連結，這點亦不可輕忽**[53]，參加共識營讓我重新體會到它的好處。

雖然我們晚上大喝特喝而導致全部的人隔天苦於宿醉，但積壓的諮詢案件一口氣決定了方向。正如佐田所說的，耗時專注處理的效果無可比擬。

[53] 草創期會發生形形色色的問題，幾乎無法照計畫推進。必須數度修正方向，也經常出現夥伴為了這種大原則激烈辯論的情形。還會有外部射來的欺凌冷箭，或出現混亂局面。建議初期只跟「歃血為盟」程度的夥伴一起開始。如果為了獲得在地人的信賴而請沒用的地方顯要加入，或者邀請那些看似有本領卻話不投機的人組成彼此生疏的團隊，很多時候中途就會變得四分五裂。就像重視做什麼一樣，必須重視「跟誰做」。

「起來了嗎？」

面無表情朝我說話的是從事建築設計的野野村亘，他雖然年紀比我小，但生性沉默寡言，反倒莫名有種威嚴。他似乎早就起床，正坐在沙發上確認建築圖面。

「早、早安啊。你一早就開始工作了唷。太厲害了，明明喝了那麼多……」

「我只是確認一下建築圖啦，還不是因為這是個不多做點工作就活不下去的時代。不管早還是晚，真他媽的業界。」

他回話的時候，視線沒有離開過電腦螢幕，說話一如既往地難聽。

野野村從東京的設計事務所離職後，回到家鄉自行創業。雖然他一點都不親切，工作卻很迅速，作為我們新著手專案的成員，助益良多。

「早啦！喝過頭啦！」

用簡單的招呼起床的是田邊翔，他在家鄉是做免費小報之類的廣告業務，總之人脈極廣。他原本就認識佐田，兩人從前只是一起喝酒的朋友，後來佐田覺得要在好幾個據點同時活動的話，必須有人負責宣傳，強拉田邊加入，他也因此參與了這次共識營。

他畢業自藝術大學，很擅長圖像設計，從輔銷品等的設計到推廣業務等，提了很多我想都想不到的點子。

「田邊先生真的提供了我們好多點子，很厲害耶。」

「沒有啦，我只是靈光乍現！能一直這樣源源不絕就好了，但我沒喝酒的話就想不出來啦！」

他剛說完就啵一聲拉開罐裝啤酒暢飲。

「咦！你沒宿醉嗎？」

「喝酒解酒啦！瀨戶先生你也是，不喝一下不行是吧？」

「不、不是，我……」

正當不勝酒力的我開始胡亂回話，佐田一臉疲倦地起身了。

「已經開喝了喔？喝是沒關係，但昨晚討論的內容，一定要在忘記之前記下來喔。」

他認真叮囑一番後，說要去泡溫泉，走出了房間。我緩緩打開電腦，開始整理昨晚的記憶，打字記錄資料。

過去總是隨波逐流的我，下定決心專職從事再利用事業後，感覺終於能跟大家平起平坐。至今為止，都是別人幫我做決定，我只要幫忙自己能應付的部分，今後必須轉換立場，自行提案、主動出擊。在這份壓力下，讓我連悠閒泡溫泉的時間都覺得可惜。

❖

從公司離職後，很快就過了四個月。

辭職後才知道根本沒什麼大不了，從前每天搭滿載的電車去上班工作的日子好像已是久遠的過去。東京的生活雖然充實，卻在忙碌的每一天中載沉載浮，一段空虛的日子。我已經幾乎想不起那樣的過去了。

分階段開發的望月女士的樓房，不久前使用經營累積的資金當本錢，連高樓層都改裝完成了。

高樓層不是店面，而是聽取在市裡經營好幾家分租公寓的人的提案，打造成可與貓咪同居的「貓咪分租公寓(54)」。

此外，櫸屋隔壁的屋主也來拜託我們「能不能幫忙活化部分空間」，從前我希望整理成廣場的內院，得以與隔壁連接形成更寬廣的庭院。再來是改裝空屋的一部分，開設做甜點的廚房與附設咖啡廳，甜點由一位在地女性酪農製作。

她利用自己生產的乳酪製作琳瑯滿目的蛋糕，努力將這裡慢慢發展成批發出貨的據點。她的起步相當符合我們的理念——從小處著手，培養壯大。

(54) 除了「野貓×分租公寓」之外，還有「角色扮演專用照相館」、「排球練習專用體育館」等，刻意避開競爭激烈的一般領域，有較明確的對象客群。有些事業採取這樣的定位而成為成功的案例。這樣具有目標指向、針孔般縫隙的方式，我稱之為「針孔行銷」。重要的是，推動事業的人在主題限縮的市場中有能夠行銷的能力。如果只是趕流行式的靈機一動，無法推銷給目標市場中的對象，終將失敗。

梅雨季潮濕陰沉的天氣連綿，我坐在嘎嘎作響的椅子上製作資料。

這一個月裡，佐田已經好幾次要我加快腳步。

「喔唷，瀨戶你唷，不快開始準備的話會來不及喔。」

我的個性說好聽是謹慎行事，但在形成具體內容上，當然就凡事慢半拍。

「雖、雖然是這樣說，但連跟各店家的說明都還沒結束啊……」

「你這傢伙，馬上就要夏天了耶，請在梅雨結束前準備完畢。你到底是怎麼弄的啊？」

「但、可是，如果不好好聽大家意見的話，會有反對或不認同的人啊……」

「你那說明方式才會被反對啦。算了，跟各家店的說明我來，你就處理資料和管理宣傳品的進度。這樣可以吧？真是的，你在東京這樣做也能拿到薪水喔？」

失去耐心的佐田，實際擔負起原本交給我的工作，好像打算全員出動來處理。

在東京的公司工作，原則上是分工作業，有完整的後勤辦公室，各式各樣的經費銷帳幾乎只要輸入系統中就結束了。然而，現在不能這樣，即使遇到麻煩，也不會有幫忙應對的上司。我自己就是負責人，創業時必須

55 一開始顧客最多，其後因居民搬家、人生階段改變等逐漸減少。只有那些隨時設法招攬新客戶的店家才有辦法成長，不少人輕忽這一點，只會把過錯推到別人身上，打著「我們家的客人被搶走了」的藉口。顧客本來就是時時比較各個店家和服務而游移不定，如果不以此為前提來爭取新客戶，生意就會走入死胡同。

一手包辦。

就算我的速度慢，佐田也不會等我，專案必須往下一階段推進。

「目前為止，我們為了處理各個建築再生專案就已經快忙不過來了，完全沒有推動幫各店家增加客源的活動，**客人一直在減少**(55)。所以說維持現在的腳步很重要，招攬新顧客來彌補流失的客源也得進行。還有，入駐我們整理的那些據點的店家變多了，偶爾要讓他們有機會同心協力做一件事，我的意思是，我們來辦『櫸屋節』吧。現在**立刻把一切變完美是不可能的**(56)，就讓我們在辦活動那天補足平常欠缺的部分，嘗試擬出更接近理想的做法吧。」

配合櫸屋節要整理各店家的內容製作傳單，這一切籌辦活動的協調作業被交給我。還要重新採訪已經製作了傳單的店家，更換他們的賣點。

「你聽好了，多數情況是現有店家跟不上新的嘗試。我剛剛說了，大原則是顧客一直在減少，所以一定要隨時意識到新的客群，重新組織自家生意的內容，但卻幾乎沒有任何一家店會這麼認真地鎖定客群，對特定客群宣傳。請他們針對新的目標客群來宣傳，最後應該只會一團混亂吧。所以說，這部分該怎麼辦，端看你的能力。舉例來說，像是市裡的豆腐店，不是單純介紹店家，而將目標客群設定為『對美食有某種執著、喜歡邊走邊吃的三十幾歲人』，如果

(56) 展開新的行動時，一開始就追求完美，最終將一事無成。有問題的地區不會一朝一夕改變，從零開始的企劃理所當然一開始會問題叢生。然而，就算不完美，不踏出第一步就不能讓地區改變，發生問題時修正就好。太在意他人目光，太要求完美，將難以為繼而無法堅持。重要的是，「持續並不斷改進」，以這種程度輕鬆開始。踏出第一步、持續、反覆改善，就會讓行動具有的影響力越來越大。

這樣的話，把賣點放在早上十點出爐的現炸油豆腐或許就很管用。聽懂了嗎？」

要用「是」還是「懂」來回覆佐田的指示呢？雖然我沒有自信，也只能放手做了。當我對大家說這次要比平常更集中在以女性為目標客群時，在地的女性寫手都很開心協助我們。對於夥伴越來越多，我由衷感恩。

從另一個角度來看，我切身感受到，要讓這麼多協助者團結在一起，比起資質或能力，**個人魅力更是不可或缺**(57)。在佐田不再忍耐、大力激勵下，不僅凝聚了團隊，也讓事情確實推進。網站建置完成，確定了當天的布置意象，店家該做什麼也立即定案。印好了傳單，除了擺攤的三十家店之外，約五十間認識的店家也幫忙分發。

我花了半年卻毫無進展的籌備工作，在佐田動起來後，一個月內就一一塵埃落定。這件事讓我再次反省自己的能力不足，無法在討論的當下馬上做出結論。

「開會光進行流程，只是在浪費時間跟金錢，最重要的是必須當下做出結論」，這是佐田的口頭禪。這句話讓我意識到自己過去十年來，都在開些沒有結論的冗長會議坐領乾薪。我想佐田有他的用意，在我們試圖巡迴各據點、聯合新舊店家、提升區域整體價值的現在，比起做什麼，誰來做、怎麼

(57) 相較於「說什麼」，許多人更會用「誰說的」來判斷是不是應該聽從。人們會從某人的容貌、成績、日常行為來判斷他是不是有領袖氣質。在組織中工作的人，有不少在某些意義上，個性被抹殺了，對那些性格多樣的在地經營者來說，無論你說什麼，只會被認為是傳聲筒，無法驅動人們。如果不能提升熱忱，不可能在鄉鎮市創業。無論說法多麼合理，人們也不會因而展開行動。

做出決策，並將其化為現實，也就是強化團隊的「執行力」這一點，我想才是櫸屋節背後的目的吧。

❖

櫸屋節當天，幸運地連天氣都很好，流瀉著溫暖音樂的會場中，漫溢著邊喝啤酒或葡萄酒，邊開心談天說地的聲音。擺攤店家創下營業佳績，我們這次還特地邀請那些仍殘存在商店街裡努力的少數店家，它們轉換成不同於以往專賣店的型態擺攤，收益因而改善。

豆腐店不只賣豆腐，以現炸油豆腐專賣店擺攤大受歡迎。參加者都對市裡居然還有這種店驚訝不已，豆腐店因而決定今後在早上十一點和下午四點都會販售現炸油豆腐。

我親身體會到重要的是要吸引誰，並具體想像、實現會讓他們開心的商品或服務。櫸屋節的地圖被讚美可愛廣獲好評。嘗試之後，我深深領會**品味**[58]多麼重要。

我們在會場內販售櫸屋節的現金券，各店家可憑現金券換回扣掉百分之五後的現金，百分之五是負責營運的我們公司的營業額，可想成是成果報酬式的仲介顧客費。其實最大的財源是未使用的

[58] 不只是設計，感性、品味在組織事業時也非常重要，唯有置身好的空間才能知道什麼是好空間，與明白這些的人一起討論，才有辦法掌握萬物背後所具有的感性。反之，如果經常接觸在地隨便又俗氣的事物且習以為常，重複裝飾那些隨便製作的旗幟或沒有設計感的招牌之類，會減損地區的魅力。

現金券收入。向顧客推廣「務必留作紀念」而他們願意將現金券帶回家的話，這筆金額就會完全變成營運組織的收入。這是學生時代就在辦活動的田邊的點子。

辦這種活動最糟糕的是讓**在地商家忙著協助營運**[59]，結果卻顧不了本業。他們耗盡心力布置、收拾，活動雖然成功，自己的店卻因此休息、大幅虧損，這類讓人笑不出來的事據說在各地經常發生。我們這次櫸屋節甚至營運方式都跟市公所主辦的小吃活動大相徑庭。若能賺到錢，無論業者或主辦方都會更大程度地拚命投入。店家越認真，越能炒熱會場氣氛。

花那麼多時間籌備的櫸屋節，轉眼就落幕了。慶功宴的熱烈程度非同凡響，我想這表示所有人當天都覺得很棒。

「跟過去完全不同的客人來我們這裡光顧！」、「市裡居然有這麼熱心的店，讓我更有幹勁了」。每當擺攤店家這樣告訴我時，我不禁眼眶泛淚。工作如此得心應手，大家還表達感謝，我從前有過這樣的經驗嗎……。

參與者七嘴八舌地熱烈討論明年那個也想做、這個也想推。這次**櫸屋節的成功**[60]，讓平常只在市集擺攤的店家，不少希望接下來設立實體店。我想接著只要媒合積壓在我們手上的屋主諮詢案件，或許很有機會讓這個地區變得更有趣。正當我陷入沉思，進駐望月女士樓房的花店老闆提出一個奇妙的意見。

[59] 店家的精力可能全耗在舉辦活動上，無法顧及自己的主業。好不容易有機會吸引人潮聚集，靠買賣賺錢，卻花費太多精力營運活動，失去原本生意賺錢的機會，必須留意避免這樣本末倒置的狀況。何況活動開辦後就無法終止，獲得好評可能多辦幾次。因活動過於忙碌，不僅活動當天受影響，日常本業都可能被波及，請務必小心。

「巷子裡那座小公園，現在不是很髒亂嗎？大家不想一起把那裡整理乾淨嗎？」

在地人早已習慣公園髒亂的景象，被踏平的地面、髒兮兮的沙坑、快壞掉的遊具、灰暗的植栽等，委實讓那裡變得不像公園，甚至父母都會告誡自己的小孩「不可以去那邊」。但轉念一想，我家的庭院都能整理成廣場大變身，公園的話一定能變得更有趣。

「我查了一下，其他地區好像也有那種制度，委由NPO管理公園。可能的話，希望能由我們來管理這座小公園。」

參加者幾杯黃湯下肚後，變得不拘小節，不斷拋出意見，紛紛表達管理公園能成功的話，自己也想做這或做那的。沒錯，我們已經在地區裡掀起波濤了。

❖

「你好，有事想跟您請教。」

隔天我把欅屋節的收拾工作交給夥伴，來到久未造訪的市政府，展開全新的嘗試。

(60) 追求成功而執行的計畫，卻偏離原始目的，這樣的例子不勝枚舉。忘記最初的目的，光顧著聚集人潮，演變成花錢請搞笑藝人、演歌歌手等，這種狀況也頻頻發生。說到底，要是生意有魅力，單憑其魅力就會有人光顧，如果對生意本身並不吸引人這種根本問題置之不理，只想使用公部門預算來輕鬆攬客，不惜成本請來搞笑藝人，實在太荒謬。請記住，還有其他應為之事。

專欄 4-1

鄉鎮市的事業總會招來「批評」

要在鄉鎮市開創些什麼事業，必然會受到批評。衰敗地區有著衰敗會有的老舊「常識」，推動改變衰敗狀況的事業，自然要顛覆既有「常識」。反過來說，我們應該把那些全員贊同的事業，想成是會加速衰敗的糟糕事業（連創辦倉敷紡績等事業的偉大大原孫三郎都曾說：「十個人中有五個人贊成的，大概早已退流行。七、八個人稱好的話，最好就此打住。事業應該在兩三個人說好的時候去做。」）。

北海道新日高町的「Amaya」（あま屋）如今已成為海內外來客絡繹不絕的名店，但它原本只是一間當地漁貨盤商經營的小食堂。與夥伴共同創造出「春海膽」、「熟成蝦夷鹿肉」等菜色後，食堂逐漸提供高價位的品項。現在許多人從札幌前往當地一嚐春海膽，該地其他店家也推出春海膽促銷活動，聽說當初「那種東西不會吸引客人來」、「又弄些只有 Amaya 賺錢的活動」、「餐點太貴」之類的批評不斷。

其他還有岩手縣紫波町的例子，當地政府財政困難，連建設公共設施都成問題，其中 OGAL PROJECT 藉由民間資金開發了各式各樣的設施，頗具成效。一開始是因為大眾不理解通稱為 PPP（public-private partnership，民間參與公共建設）的開發手法，當地報紙甚至以「黑船來襲」形容，備受批評。然而，這項計畫成績斐然，一年約吸引一百萬人次的來客。看見周邊居民變多、地價連續四年上漲、稅收增加等成果，當時的反對者異口同聲「要是更早啟動就好了」。〔譯注：「黑船來襲」係指正值鎖國的日本，一八五三年遭美軍艦隊強行入港導致被迫開港的事件。黑船是指大型西洋船艦，後借喻為來自國外在日本掀起巨變的人事物〕

比起取得百人的共識，一人的決心更能讓地區動起來。有時間浪費在形成共識上，不如挑戰事業，受批評也要堅持下去，最終只要能為當地創造加乘效果就好了。

專欄 4-2

在鄉鎮市創業的煩惱與不安

像瀨戶這樣「辭掉工作返鄉創業」的決心必然伴隨不安，特別是並非受公部門委託以政府預算執行，而是自行在某地創業盈利實非易事。就連我高中開公司時，都嘗過三年左右虧損連連的苦頭。

該如何面對這樣艱難的問題呢？我和瀨戶一樣，一邊任職於公司確保收入，一邊執行確實掌握開啟事業切入點的步驟，並不推薦貿然辭職。但請記住，只是漫無目的地繼續當小職員，邊參與在鄉鎮市的事業，永遠不會有賺錢的一天。因此，就像本書所寫的，請務必與家鄉中已轉虧為盈的人建立關係。請與嫻熟當地市場、已有成績的人一起開啟事業。接下來，拓展事業的成果，等到進入認為能嘗試獨力推動的階段，一鼓作氣轉換檔次、踩下油門。

然而，那些正面迎戰當地市場、做出一番成績的經營者，通常獨具個人風格是不爭的事實。很多時候不容易達成「一起推動吧」、「沒錯呢」的共識，唯有此時不得不自己想方設法克服。這些魅力十足的人，基本上如果不覺得「這傢伙很有趣」，對聽你說話毫無興趣，諂媚也無法讓他們正視你。倘若能用對方沒有的特殊技術、能力等來開啟話題，就有機會以此延伸出事業。

如果當時佐田向瀨戶提議時，瀨戶躊躇不決，大概就沒下文了。

反之，假使有不放過這類微小機會的挑戰精神，就有著與在地企業家合作的無限機會。煩惱不會讓問題消失，重要的是從自己本身開始行動、思考、再行動。

第五章、賺來的錢、被給的錢

「欲望」與「空隙」

「瀨戶先生您的電話，又是想來參訪的。」

地方報、網路媒體等報導櫸屋的盛況之後，連續幾天不斷湧入想要參訪的詢問。

「啊、是，好……您說有十位來訪是吧。請問當天幾點會到呢？」

辦公室電話鈴響的頻率，高到讓我感覺好像光接應參訪詢問就花了一整天，一則以喜、一則以憂，只要一有來電就會打斷會議或工作。網站也是，有來信就必須回覆。再來是各種狀況，有人約好來訪臨時取消，或因人數增減等瑣碎事項不停來電，最後甚至出現已經回覆「沒辦法呀」卻還是突然跑來辦公室要求訪問的人，完全**妨礙了日常業務**(61)。

「唷~唷~，瀨戶，你每天看起來都好忙耶。」

突然現身辦公室的佐田，看著我手忙腳亂的樣子戲弄我。

「你這笑話一點都不好笑。再這樣下去，我一整天光應付參訪詢問就結束啦……」

(61) 有一定的成果，開始刊登在媒體和案例集等處之後，會有民間團體、各公家機關、議會的各種委員會等前來參訪、參觀，光應付就耗掉大半時間。免費接待表示人事費、說明場所的辦公室租金、水電費等相關的龐大經費無法得到合理回饋。建議應收費，並將接待對象限定在那些不是抱持隨意心態來訪問並有可能實踐的人。虛耗時間或接待走馬看花的參訪者，可能反而讓自己的組織崩潰，請務必留意這一點。

佐田一臉不可置信。

「你還真是笨耶！來訪問不也是一種商機嗎？我認識的地方都把參訪拿來營利，全部都要錢，一個人收三千，還將管道集中到只接受網路申請。你怎麼不提這樣的方案？照現在這樣下去的話，就要餓死了吧。不把來到我們跟前的人變成顧客，你是在做什麼啦？」

「參、參訪可以收錢？」

「迪士尼樂園會收錢吧，公家經營的博物館和科學館也要錢。跟那些說想來這裡看看我們在做什麼的人收費，不會遭天譴啦。你知道專做研修課程的有多賺嗎！決定啦，這件事就交給田邊，剛好那傢伙很會聞雞起舞，還能自己做參訪專用的網站。用分帳的，他應該會努力做吧。」

照著佐田一如既往的速度，諸事一一迎刃而解。但我根本不認為讓大家來看我們這荒涼小城市能夠收錢。

「可是迪士尼樂園有遊樂設施，我們這裡不是什麼都沒有嗎？真的有人願意付錢嗎？」

「呆瓜，什麼都沒有才好。在這什麼都沒有的地方，靠著我們這些夥伴費盡心思才能走到今天這一步，有過失敗卻還是克服了。他們不就是想來聽我們說這些嗎？要是我們處在大都市鬧區，生來就是超級有錢人，然後靠著巨型開發案賺大錢，對其他地方的人沒什麼用啦。」

來訪者確實異口同聲在離去前說：「像你們這樣的地方也有辦法做到這種成績啊。」聽到這種話，我總想著這些人真失禮，但或許這反而是種褒獎。

「你給我差不多一點，不要只覺得看得到的才有價值。我們的故事、來我們這裡能體驗到的都是有價值的。要是只有看得到的才有價值，那在這樣破爛的房子裡不就不可能做生意了嗎？」

要相信佐田的商業嗅覺嗎？我半信半疑地聯絡了田邊，排定開會日期。

❖

會議當天，看起來總是不知是輕浮還是諂笑的田邊，準備了完整的資料。這就是在廣告公司當業務訓練出來的潛能嗎？

「總之，先一個人三千。參觀最少五人起跳，不收一萬五以下的參訪，一週只有星期二、四、六這三天接受參訪，也接受好幾個地方的人併團參觀，我想採取這種方式比較好。這樣不僅有效率，還能讓不同地方來的人變好朋友。」

「贊成啦。」

「還有就是區分私部門、公部門、議員，由不同的人接待，私部門交給瀨戶先生，公部門是我，議員由佐田先生負責，如何呢？像我不是之前工作常跟市公所一起嗎，應對議員的話，應該要有佐田先生這樣的魄力吧。要求我們全員一起參與說明，那就當附加選項收五萬吧。」

「喔～這方式很棒，真是好點子啦。」

佐田跟田邊一搭一唱。

田邊笑著繼續說。

「看不見的服務這種東西就像酒店，要配合客人需求改變服務內容，一邊收基本費，再用附加選項加價來區分個別客戶。這不是終於讓我過去出入酒店的經驗派上用場了嗎。」

「別說傻話了。」

佐田也一邊插話，讓方案很快變得具體。兩人看起來就像在說笑，但他們都善用自己過去的經驗，愉快地一步步讓企劃成形。我再怎麼努力都跟不上他們的速度，總是選擇分析再分析既有資訊，**認真做成資料後再決定計畫**[62]。我對自己說，反正我的角色是企劃擴張到某種程度後再負責集中，集中到能進行的程度實際執行。

「再來是把申請全部限定為要透過網路，不接受電話預訂，電話還會有說了沒說、搞不清楚的狀況。網站上會預設成全部都能用套裝來選擇，這樣雖然比較花錢，但應該一個月就能回收了。還有採取先收費的制度，就算臨時取消也能保證收到款項。看過去的情況，還真不少臨時取消的，為那些人留時間很蠢吧。那我就去跟朋友談談網站的事，下星期就先試著用這樣的方式開始吧。」

依田邊的提案開設了接受參訪申請的網站，沒想到一個月就有約五到十個團體來參訪。我一開

[62] 特別是在從人口增加轉換到人口減少的時代，整體原理、適宜的對策已反轉的今日，不可過度依賴過去的經驗。只能從現在發生的事件發想，由能彼此認同的夥伴開始，必須一邊調整做法，因時制宜。

始覺得大家應該不能接受收費，但讓人驚訝的是，他們大多沒什麼意見就願意付費。

當然還是有人不管我們只接受網站申請，打電話到公司代表號來說：「我們沒有可支付費用的預算，提供資訊這種事不是互相互相嗎？」這種人通常特別囉唆。

結果每次五到十人，總計一個月有五十到七十人左右來參訪，每個月收入十五到二十萬。人數多到一個人難以導覽時，就找幫忙市集等企劃的在地學生，請有空配合的人來打工幫忙。在經營上，只需支付工讀生成本卻有穩定收入，實在令人感恩。

原本被參訪搞得暈頭轉向的我們得以回歸平靜，我也終於能集中精力於日常業務。時隔許久掃視自己的座位，在堆積如山的文件中，我發現從市公所拿回來後一直擱置的文件。

「啊……對了、對了。我完全忘記公園的事了。」

❖

為了想使用欅屋節慶功宴上提到的那座鄰近公園，我上星期跑了一趟市公所諮詢，當時發生了一件插曲。

「不好意思，我跟在地的夥伴想管理這座公園……」

我指著手機上顯示的地圖說，市公所負責接待的窗口隨即回覆。

「咦？不是啊，我們這裡沒有那種把公園**借給一般業者的制度**(63)耶。公園是公共財產，任意讓某些民間團體使用，萬一發生什麼意外，會有這個那個問題……」

他的回答在我預料之中。雖然我一心想著希望能將跟夥伴興高采烈討論的話題付諸實現，但看來是白跑一趟了。失望之際，身後傳來一聲高聲呼喚，聲音有點熟悉。

「唷呼，這不是瀨戶嗎，來幹嘛？」

森本像在觀察一樣看了我一眼，接著直盯著我所指的地圖，再跟負責接待的人對視後說：「啊，那個，我來跟這傢伙說。」然後拉起我的手臂。

「我們去那邊講吧。跟我來啦，跟我來！」

我被他硬拉到屏風隔出來、空著的個別諮詢空間。

「等等，你要做什麼啦。」

「你啊，剛剛是來說要讓你用公園吧。像你這樣突然跑來，不知哪來的傢伙，市公所怎麼可能點頭說『是的，是這樣啊？沒問題喔』。何況還有個每次在公園裡稍微做些什麼就跑來投訴的老頭，我們也是很辛苦的耶。算了，你來得正好，讓我省去找你的工夫，真幸運！可以等我一下嗎？」

(63) 二次大戰後，日本對公園設下許多禁令，變成什麼都不能做的空間。原本明治時期，在公園裡做生意是理所當然的（日比谷公園內的松本樓餐廳從開園當時即已存在）。紐約出售部分公園的經營權以確保財源，開設在麥迪遜廣場公園（Madison Square Park）的小漢堡店「Shake Shack」現在已經成長為上市企業，並在包括日本等地的世界各地展店，表示公園甚至能成為新興產業的據點，但日本卻一味刪減公園預算。日本需要大幅修改都市公園法，重整公園以因應新時代。

他說完就離開不知道去哪了。不到兩分鐘後，森本又折回來。他從手上的褐色信封中拿出幾張資料，緩緩開口。

「剛剛好，我正想找你討論一件事。」

森本單手遮著嘴，低聲繼續說道。

「其實啊，接下來中央在計畫新的地區再生政策示範地區，我們市被選上了。現在的市長上任後，不是從中央派來副市長嗎？就是他在中間牽線，我們市先做示範。但是實際上在地根本沒有可以做的人才。因為是**公私協力的示範計畫**[64]，就算市公所要做，沒有民間一起動作根本沒辦法成形，一定要有在地的私部門有在參與的樣子啦。也就是說，我想你們公司行動力不錯，想把你們加到候選名單裡……」

由於以前曾有在類似狀況下被找去幫忙活動的不愉快經驗，於是我打斷森本，拒絕他的提案。

「不不不，拜託這種的就饒了我吧。反正又跟之前的活動一樣，讓我們當義工，然後把大筆經費都給叫藝人來的莫名其妙的公關公司就了事了吧。我這邊也是辭掉公司，把地區再生當作工作在做，所以我絕對不會再幫你做白工了。」

森本刻意地大搖雙手否認。

「我說之前那是意外啦，意外。我也沒想到事情會變成那樣。但這次不一樣，我會好好從預算

[64] 為了創造「示範」效果，公部門會在地區再生計畫中跟風似的把預算集中投注於「已有成果的事業」，確保獲得成效。一旦將大筆預算投入那些原本就可獨立營運的事業，相較於賺取利益，更會變成專注於消耗預算。結果等到預算沒了，組織就難以維持。當有了一點小成就，更要小心公部門的示範計畫邀請。

中撥款給你們公司。說到底，因為是公私協力，中央說了不分款項給民間不行，我們一定會給你們足夠的營運經費。所以啦，跟之前那次活動完全不一樣啦。怎麼樣，有一大筆錢能做的事也會變很多吧。」

我們公司在市裡已經完成兩棟建築的再利用，甚至吸引外部人士參訪。只不過目前專職員工只有我一人，其他人本來就各有正職，只是兼職幫忙而已，還不到能高枕無憂的程度。雖然不會為錢發愁，但如果有可以自由運用的資金，除了增加人手，還可以做很多想做的事。另一方面，我擔心事業突然遇到瓶頸，影響自己的生活。

「這樣啊，這次會好好分配預算給我們啊。」

我再次確認。

「沒錯、沒錯，『這次』一定會好好分配預算，請你放心。而且這個案子已經發包出去了，雖然專案辦公室由在地的工商協會負責，但他們只有辦公室機能，我們正煩惱找不到民間的協力者呢。雖然訂了計畫蓋房子，像是下包建商之類的，但沒有那種會發想創始企劃、幫忙組織營運計畫的。總之，我先跟工商協會的聯絡窗口門馬先生提一聲，你就先聽看看。就這樣，掰啦。」

森本完全不理會我的提問，一副接下來還有其他要事的樣子，一陣風似的走進電梯，消失到樓上去了。

看起來好像得跟工商協會那位叫門馬的仁兄談一談才行。

❖

隔天我正在辦公桌前處理工作時，突然來了一通電話，那個電話號碼以前沒見過。

「嗯～我，敝姓門馬，請問是瀨戶先生嗎？」

話筒裡傳來的聲音感覺年紀很大。

「啊，是，我是瀨戶……」

「你聽市公所的森本先生說了吧，就是你要幫忙我們工作那件事，想請你來工商會一趟，讓我跟你說明一下耶。時間很趕，所以就拜託你盡快啦，明天上午能來嗎？」

我屈服在他那不怎麼客氣的語氣之下，講話聲音小了起來。

「啊，我是可以去啦……」

「那就明早十點來工商會，說是門～馬～叫你來的，他們就知道了。那就拜託啦。」

電話喀嚓一聲掛斷了。

雖然隱約有著不好的預感，但無論是森本說的那些，還是這叫門馬不知何方神聖的工商協會職員打電話來，我都還沒能對佐田說出口。我一心想著有一大筆預算就能做更多，佐田看到計畫、經費這些內容應該也會肯定我，到時再好好說明就好了。

在此之前，我從來沒有靠自己從無到有做出能賺錢的企劃，或許這將是第一件我自己爭取並親自推動讓它成真的專案，如果能順利有大筆進帳，可以減少**對生活的擔憂**[65]。

終於能夠以自己的方式對團隊做出貢獻，讓我非常興奮，心情雀躍地返家。

公部門業務

剛改建完成的工商協會外觀宏偉，跟地區衰敗的程度相反，我正在那裡的接待櫃檯前詢問。

「你好，敝姓瀨戶，我跟門馬先生約了十點見面。昨天有接到他的來電。」

「啊喔。」

接待櫃檯的年輕女生用內線電話通知門馬，沒說什麼地領著我到寫著「理事會客室」的房間，屋內有老派的皮革會客室家具，牆上排列著歷代理事長的相片。莫名飄散的一股霉臭味般的陰暗潮

[65] 在鄉鎮市創業雖然能很快起步，但要經年累月才能成長。此時可能因為與周遭的人比較而焦慮，或是無法習慣業績與自己的收入掛鉤而造成心理壓力、帶來不安等，以致判斷錯誤（從受僱員工身分轉為創業的情況特別容易發生）。於是轉變成爭取由公部門主導可獲得大筆預算的計畫，最後可能不知不覺成為單純的公部門代辦業者，還可能變成地區衰敗的惡性循環的幫凶……。

濕氣氛，讓我變得緊張、心跳加速。隨著喀嚓聲響一起出現的，是一位白髮蒼蒼的矮小年長男士和一個高胖男子。

「你是瀨戶？先把難懂的放一邊。我想你已經從森本那邊聽說了吧，我們市這次要接下國家的示範計畫，民間這邊推動的專案辦公室就由我們工商協會來負責。這次跟以前不同，是跟私部門合作，以公私協力發展觀光為主題，然後森本點名你們。但官方沒辦法跟不知名的在地組織直接簽約，所以由我們工商協會居中代為管理。因為我們夾在中間，你們擅自做出什麼決定會給我們帶來麻煩，總之先寫份計畫書來吧。」

事情發展得太快，讓我完全沒有插嘴的餘地，好不容易逮到機會小聲回話。

「那、那個啊……我從森本那裡只聽到大概的情況，要不要做都還沒決定耶。」

門馬一聽臉色大變，食指叩叩地敲著桌上的文件邊說起來。

「話不是這樣說的吧，現在才說不做，我們會很困擾的。不只中央單位已經認可，預算也早就核定了。其中三千萬會分給你們，就給我做。總預算有四億，雖然也會用在硬體建設上，蓋些小型公路休息站、民宿等，但只有這些硬體，預算不會過，**不做軟體面的事業，硬體就動不起來**[66]。

[66] 公部門至今所做的，在過去被批評是「建築行政」，也就是以硬體為主，大多是建設大型建物、道路、橋梁等。這種情況導致現今預算更容易分配給結合軟硬體兩者計畫的風潮，使得鄉鎮市的建設業等會先試算出想用在硬體建設的錢，再加上非必要的軟體層面的預算，而且有要用罄預算的「愚蠢舉止」。近年來那一堆不知道有沒有效用的活動、宣傳影片等，正反映出上述趨勢。

比起跟不知道哪來的團體做些小家子氣的事，不如跟我們一起，跟市府、工商協會合作也可以提升你們的可信度，何況還有一年三千萬的預算，沒有拒絕的道理吧！」

我震懾於門馬這番話的氣勢，同時隱約想著，的確，如果手邊有三千萬能自由運用的資金，能做的事會多很多吧。

「就是說如果我們接受了，就會給三千萬，然後我們把自己想做的事寫成企劃推動就可以了嗎？」

「我剛剛不是就這樣說了嗎？如果不那麼做的話，反而會讓市公所想要推動的硬體建設停擺。寫計畫書、跟我們簽約，之後就是執行、**寫報告書**[67]，就這樣。有不知道的，問這邊的山本。」

門馬邊說邊拍向比自己高出三個頭、身軀龐大的山本的後背，走了出去。

山本算準時機掏出名片。

「截止日期快到了，不快定案不行。計畫書請在下週前交出來。還有因為過去沒跟你們簽過約，簽約會有另外負責契約的人聯絡您，還請幫忙處理。」

他一字一句都透露出被交代而不甘不願執行的感覺。我的心情也在不做比較好與三千萬的吸引

[67] 除了執行之外，使用公部門預算的專案還會被要求撰寫詳盡的報告書。耗費不必要的氣力寫報告，讓現場人員疲憊不堪，而且報告書其實只是形式上所需，不會被善加利用。如果報告書是必要的東西，基本上不應該由第一線的人才撰寫，而要由公部門的管理階層和事務人員負責。

力間搖擺不定。

「無論要做或不做，都不是我一個人可以決定的……我會再聯絡您。」

我離開工商協會，返回辦公室的路上，一直煩惱著該怎麼跟夥伴和盤道出。

❖

當天下午的例會中，我向佐田、田邊、野野村大致說明了市公所與工商協會的提議。佐田一聽我說就皺起眉頭，瞪大眼睛望向我斬釘截鐵地斷言。

「這樁只有拒絕一途。」

雖然我早就隱約察覺佐田會這麼說，但仍然詫異他這麼快就下結論。

「不是啊，有這麼多預算，我們想做卻因為手頭資金不夠難以推動的，都可以一鼓作氣去實踐了不是嗎？還能付更多酬勞給參與的人。加上有跟市公所及工商協會合作的經歷，像之前被拒於門外的公園活化之類，也能更順利不是嗎？」

佐田的口氣變得更粗魯。

「不是這樣啦，不是啦。是相反！要是那麼做了，我們創業累積至今的成績會一下子被推翻。怎麼可以拿別人的錢來付酬勞，明年預算被砍了該怎麼辦？要說對不起，我們付不起了嗎？你說跟市公所還是工商協會合作就能使用公園!?你這種說法就是在說不靠自己的力量，而是想借助別人的力量來推動事物。你不覺得這樣很可恥嗎？」

憑一己之力深思後的提案卻被全盤否定，我也下不了臺。

「你不用說到這種地步吧！我很清楚一點一滴累積非常重要。但有必要白白放過像這樣大展鴻圖的機會嗎？我只是覺得能善用眼前的資源去做似乎比較好。你就是這樣強硬不管什麼都拒絕，才會有很多人說些不好的閒言閒語不是嗎⁉」

看不下去的田邊開口替我們緩頰。

「緩緩、緩緩，火氣可以不要這麼大的嘛。瀨戶先生，那三千萬你想用在哪呢？」

「啊，不，嗯……。辦節之類可以辦得更盛大吧，也可以付錢給來當義工的人。還有之前想做卻沒辦法進行的公園活化，可能性會提高許多吧。如果能順利有盈餘，還可以當作後續事業所需的資金。」

「哪有這樣，不拿我們自己的錢來做不行啦。說錢不夠，拿別人的錢來做的話，跟那些拿補助金的老頭不就一樣。那種東西我才不幫忙喔。」

「這跟補助金不一樣，是協助在地的計畫而拿到錢，所以也是堂堂正正的一份事業喔。我是覺得能增加公司的營收才說的。」

「所以我就講了，那不一樣的啦！真是跟你說不通。」

佐田嘆口氣站起來，走了出去。

我不像佐田那樣能言善道，從東京回到家鄉後，事業上的主意、推廣業務等一切，一直都是仰仗佐田，隱約懷疑「這樣下去好嗎」。雖然大家稱讚「好厲害耶」，但其實自己能力所及的仍然只是很小一部分。從小事業累積，縱使現在有固定收入，但老實說，明年、後年會變成什麼樣子，我自己也不是很清楚。因此，**希望建立自己也能做到的自信**[68]。

❖

回到家後，我獨自陷入苦惱。

拒絕同事的挽留、離開東京，讓我連個可以訴苦的人都沒有。如果跟他們說這些，只會聽到「看吧，就跟我說的一樣吧」。

沒問題的。雖然至今一切都是倚仗佐田，接下來該是我自己思考、行動的時候了。就像要說給自己聽一樣，我小聲說著。

「事業好不容易有了一番成績，比起市裡其他用著亂撒的公帑的團體，我們來做絕對、應該會很順利。如果能創造出可以確實盈利的事業，佐田也一定會認同的。」

但如果沒人要協助我的話，即使有經費，還是什麼都做不了。有人願意跟我一起進行嗎？要找誰商量呢？我腦海裡最先浮現的是森本。他那傢伙雖然嬉皮笑臉，事到如今能商量這件事的，除了向我提議的森本之外，想不出來還有誰。

[68] 現在還能利用社群網路，雖然在同樣領域大展長才的那些人常看起來引人矚目，但胡亂焦慮、擔憂是沒有用的。事業並非只有那些受矚目的人在支撐，甚至更多時候力量來自隱藏在背後的人。人各有其特質、角色。不要輕易被他人迷惑，請保持自己的立場。要能扮演好自己的角色對團隊有貢獻，重要的其實是不逞強地行動、做自己。

我趕緊打了通電話。

「啊，那個呀，佐田果然還是極力反對。工商協會的門馬先生一副我們不做的話，全部都會很難處理的樣子，要我們不管怎樣就是要做。他說的是真的嗎？」

森本停頓了一下才回答。

「不不不，門馬先生也真是的，表達方式真不好呢。我很希望你們務必參與。我們這裡的私部門，雖然有會蓋房子的，卻沒有能夠好好打造什麼像樣可以吸引客戶的地方的，就只有你們了。我也是，我能做的當然都會全力幫忙。到現在為止，你在我們市裡創設了許多事業，雖然規模不大，但經營順利，有自信點。」

我莫名有種被賦予了勇氣的心情。

「沒錯，我不能像這樣一直倚靠佐田對吧。我到目前為止經手許許多多的事，現在也想試著靠自己來做些什麼。不過還是對只有自己一個人不太安心。」

「不要這樣講，如果你願意的話，我會幫你引薦協助者，請擔任我們市的地區再生顧問的藤崎先生來幫忙你唷。他原本在東京當顧問，是跟中央單位都熟的超級大前輩。他從中央單位派來我們市當地區再生顧問，全面參與了這次示範計畫。他不只很熟悉制度，也知道很多案例呢。」

「是這樣啊。說會給我們錢，但我不太清楚該怎麼用，真是謝謝你了。」

「……公部門計畫有年度的壓力，報帳、寫報告交報告的做法各式各樣。這些你就請藤崎先生幫忙啦。為了做民宿，我們市也會招募『**地區振興協力隊**[69]』，你可以使喚他們。」

「什麼，你說那是啥協力隊？」

「你居然不知道……。連報紙都有報地區振興協力隊來我們這裡了耶。地區振興協力隊是一種制度，用中央的預算，為了地區活化招募人手進駐鄉鎮市，來的人可以拿到三年薪水。我們市去年也有招募，今年有為了建置民宿招聘的人來。」

「原來有這種制度啊。」

「我會跟他們兩個人講，叫他們協助你。那兩個人是以約聘公務員身分在我底下工作，我會讓他們當作份內工作做。」

使喚市公所聘僱的人來做自己的事業，這樣是可以的嗎？我感覺有些不太對勁，但告訴自己光聽從佐田指示做事是不會成長的，於是一邊整理心情一邊詢問。

「他們年紀大概多大？」

「還二十幾歲，比我們年輕得多唷。」

我本來想比自己年長的話可能很難配合，稍微鬆了口氣。

「那我考慮明天去見見他們，他們會在哪裡？」

[69] 地區振興協力隊（地域おこし協力隊）是設有聘僱期限的約聘公務員，以年輕人為主，讓他們前往鄉鎮市工作的制度。經費百分之百來自國家的統籌分配稅款，因為暫且可免費僱用人力，所以各地方政府均接受地區振興協力隊。但使用別人的錢，還拜託地區振興協力隊做自己做不到的，導致諸多問題，如目的不明、前來的人與提出邀請的地區彼此想法迥異等。最重要的是，人口結構上每年有數萬、數十萬人流入都市地區，運用國家預算將全國合計數千人暫時送入鄉鎮市，無法解決今日鄉鎮市面臨的問題。我們必須正視問題，找出根本的解決策略，而非採取這類挖東牆補西牆的做法。

「嗯……有了有了，是這裡。」

森本唸了一串地址。

「這裡很深山裡耶。」

「因為他們也兼作村落訪視跟幫忙啦。我等等幫你們在臉書上互相介紹，你再自己去聯絡、見個面。我會跟藤崎先生先講一下，之後到市公所開一次會吧。」

不知不覺，我對接下來該如何推動有了些想法。

當晚，我為了完成做到一半的資料，去了一趟辦公室，結果佐田也在。雖然心想要再跟他談一次，但氣氛有那麼點尷尬，最後只跟他確認了幾件工作上的事，沒提到市公所的計畫。我對著電腦，沉默地敲著鍵盤。

❖

跟地區振興隊的人開會當天，開著車越走越遠，從柏油大馬路逐漸轉進狹窄的山路，抵達盡頭處梯田連綿的山林聚落。按著森本告訴我的地址找到一處民宅，說古民家只是聽起來好聽，顯然只是一棟破房子。

我喚了聲「早～安～」，沒人回應，但旁邊停著漆有「市公所」字樣的白色廂型車，應該有人在家才是。走進屋內，有夯土玄關，左側是鋪榻榻米的房間，維持著早期農家的模樣。未改建的古民家，讓人以為身處某地的鄉土資料館。

榻榻米上有座帳篷，裡頭窸窸窣窣動著，然後突然傳出女生的聲音。

「不、不好意思。我正在換衣服，請你稍等一下。」

雖然講好一早見面，但我好像來得太早了，對方還在換衣服的樣子。先入為主一直以為對方是男生，讓我有些不知所措。

「這房子超級冷喔。我在網路上寫了之後，有人建議搭帳篷會暖和一點……。我本來還想在屋裡搭什麼帳篷，試了之後發現這樣真的很溫暖。」

跟古民家氛圍不搭、看起來剛大學畢業的一名年輕女性從帳篷裡鑽出來。

「妳、妳從森本那聽說了吧，我有些事想請妳協助，沒問題吧？」

「有，我有聽森本先生說了！請一定要讓我幫忙。我就是想從事這樣為地方、為鄉鎮的工作，才來這裡的。」

我說明完事情的來龍去脈後，她表現出非常感興趣的樣子，讓我下意識鬆了一口氣。唯獨我跟佐田他們有爭執的事沒對她坦誠相告。

徒有虛名的顧問

我在市公所跟森本會合後前去拜訪擔任顧問的藤崎，跟我想像的不同，他雖然年紀很大卻非常客氣。

「瀨戶先生，我會負責跟公所的協調作業、撰寫報告書等，所以請你放心。公所有公所的規矩，如果不遵守就會動彈不得，是吧？森本先生。」

森本立刻自信滿滿地回答。

「嗯，怎麼說呢，公所就是有很多瑣瑣碎碎的啦。但跟公所做事就是這樣，雖然麻煩，卻能獲得信賴和經費，瀨戶你要好好利用。」

「真不愧是森本先生，這麼年輕卻很了解狀況呢。像我到這把年紀了都還在學。」

「又來了又來了，又這麼謙虛。瀨戶，藤崎先生可是大前輩，你就當是搭上了一艘大船，嘩地出航吧。」

「是、好。」

藤崎握著我的手。

「瀨戶先生，即使碰到什麼困難，都讓我們攜手克服吧。」

他那過分禮貌的態度令我不知所措，無法好好回話。不過如此一來，總算暫時消除我心頭對承接公所計畫執行的部分擔憂。

❖

那段時間好一陣子陰鬱的天氣連綿。可能是心理作祟，例會的氣氛因此變得沉重，我下定決心重新拋出與公所合作的議題。

「那、那個啊，我之前講過跟公所合作的事，想請大家同意讓我推進……」

佐田一臉錯愕，表情就像「你終於說出口了啊」。

「我說你啊，雖然想偷偷來的樣子，但在我們這種鄉下地方早就傳遍了啦。連最近你好像還跟市府顧問聯手之類也聽說了喔。我不潑你冷水，但真的還是收手比較好。」

「沒有啦，我沒有想要隱瞞，只是很難說出口而已。不過我還是想試試看，絕對不會讓大家吃虧的。」

「我說像那樣拿別人的錢做自己想做的事絕對不會順利的，要不要做當然是你的自由啦，公所有想推的計畫，你被利用做些順水推舟的事，而且還跟顧問聯手，我已經能預見下場會多淒慘。建議你應付應付做就好了。」

跟先前不同，這天佐田從頭到尾都很平靜，對我來說，反而覺得他的態度明確表達出他不會出手幫忙。佐田是我的夥伴，也是事業上的前輩。我返鄉後到現在，能達成許多事無疑都是托佐田的福。但我不想再這樣事事倚賴他，想找出他做不到、專屬我的做事方式。

會議結束後，聽了我們對話的田邊，悄悄到我身旁附耳說道。

「您在做的，我想應該一直都有耳語傳到佐田先生那裡喔。我想他比誰都擔心您，因為您什麼都不找大家商量。佐田先生還說過為什麼你不坦白跟他討論，他說不定覺得失落呢。」

我們在草創時期幾乎天天見面，最近這兩個月卻大概只有例會會碰面。他在會議中也什麼都沒問，我還以為他應該不太在意。

跟公所的合作案，到目前為止，企劃部分除了跟田邊他們來回討論，也彙整了與地區振興協力隊兩位年輕人一起討論的公路休息站宣傳、民宿的內容等，完成了企劃書。提交給公所的計畫書、預算書等完全交給藤崎。終於進展到幾乎要核可的階段，我想著今天要跟佐田做最後的討論，結果被拒於門外。

「我們會幫忙瀨戶先生，也是因為佐田先生要我們這麼做的。他說他不會幫忙，但如果瀨戶拜託我們，不要顧忌他，要我們輔助你，讓你不會失敗。」

「咦！」

田邊對我遲鈍到絲毫沒有察覺這點驚訝不已。

「就佐田先生動怒那晚，他希望我們不要告訴你，但他連為什麼反對的理由都跟我們說了。」

「是、是什麼？」

「佐田先生年輕時拚命經營自己的店，要開第二家時，公所找他去參加空店對策計畫，參與計畫開店。他想反正要開分店，有可用的資源就用，於是開始籌劃。結果選舉後市長換人，**預算、制度做法全部重新檢討**⑦⓪，從零開始重新修訂好像花了很長時間。雖然後來拿到錢，但中間來了監察，突然說因為有盈餘，所以要還同等金額的款項給政府，甚至演變到打官司。一開始幫忙的顧問認錢不認人，拿走撰寫申請書的費用就消失得無影無蹤。結果這些糾紛在我們這裡變得人盡皆知，他只好含淚關掉第二家店。最後只有佐田先生被當成稅金小偷，好像真的有一段時間過得很淒慘。」

「我從來沒聽他說過這些……」

「因為瀨戶先生都沒找他商量，佐田先生賭氣不說了吧。但他對你就像父母心，我想他最擔心的就是你了吧。

「唔……。但這次跟以前不同，還有你們幫忙，藤崎先生也不是什麼奇怪的人，他真的很客氣呢。地區振興協力隊那兩個人也很熱心。不是空店對策計畫，加上沒有選舉，我們會讓一切順順利利的，不順利不行。」

那時的我只覺得佐田運氣不好。他曾經歷一番辛勞這件事，根本傳不到高中畢業就到東京升學的我耳裡。我邊想著這些邊向大家宣布。

⑦⓪ 選舉後市長輪替，最糟糕的狀況是可能完全否定前任市長的市政等，在機關內部進行肅清，招致混亂。雖然這反映了某種民意，但有因而對經濟造成實際傷害的例子，導致變更行政預算或融資推動的民間投資案開發許可延期等。並非事事反對就好，我們需要能夠竭力洞察內容、不作秀且樸素、踏實的政治。

「事到如今已經無法臨陣脫逃。接下來就是執行了。」

❖

「因為是使用稅金，像這樣隨意變更，我們會很困擾的。」

討論大方向時配合良好的團隊，一進到要決定細節的階段就完全停擺。負責的山本絲毫不知變通，說是大型計畫，計畫內容有什麼變動全都一一請示公所，就像隻只會居中傳話的信鴿，從外面根本看不到裡面發生什麼事。加上顧問藤崎介入，他只會全盤囫圇吞棗，表現出都是我們這邊處理不當的樣子。

「山本先生，您說得是。比較細節的調整就請讓我來進行……」

我忍不住打斷他。

「不、不、不是這樣的。當初雖然有說要做民宿，但評估之後，那間古民家實在太殘破，一下子就進行整修工程的話，預算怎麼樣都不夠。所以才會提議先拿即將開工的公路休息站部分空間來做民宿，櫃檯業務等也集中到單一窗口，讓營運變輕鬆。之後還可以把休息站當作住房櫃檯，擴及周邊的空屋。我們不是說好這樣比較妥當嗎？」

山本只是一味拒絕，堅持要我們照計畫書上所寫的推動。

「這裡不是有寫『最初先使用各處的空屋』嗎？預算裡已經納入相關整修費用了，事到如今，無法更動項目之類的唷。何況現在才說要更改休息站的設計，這種事我們又不是市長，根本不可能。而且**都市計畫都已經發布實施了**[71]吧？」

藤崎已經完全變成應聲蟲。

「您說得真對。無論如何，即使規模小，也請讓我們用能在古民家實現民宿的方式來推動。瀨戶先生，那麼這部分就先保留，我們回去再商量商量如何？」

我莫可奈何地離開會場。

「藤崎先生，這樣下去根本不可行啦。」

「瀨戶先生，不、不，您不可以這樣說。因為我們的立場只是『請讓我們做』工作而已。」

「如果只是這樣，無論是作為事業的價值，或是我們來推動的意義，都會消失殆盡。」

「我不是很明白您的意思……。總之，我這邊也來問問認識的人，重新擬定計畫。我有一些在各地經營民宿的朋友。」

我們的時間都耗在這類談判上，沒有任何空檔去「行銷」。變更細項原本是只要注意到，花幾分鐘就可以解決的事，卻因為使用了稅金就要花上好幾個小時，不、好幾天。這種做法跟我們從前

[71] 今日仍有許多公部門的計畫一旦核可後，極為排斥做變更。特別是召集外部專家的委員會等的計畫，因為再次召集他們來討論曾經認可的內容，某種程度上必須承認過去是錯的。但現今計畫可隨時更動才更容易成功，以變更為前提的核可、重新審議程序反而更重要。

一直習慣的慣例完全相反。

使用公帑看來比民間公司用錢更麻煩。要請示公所、工商協會，還有中央單位等多個決策者，各負責人如果不點頭就無法更進一步，置身這樣生產效率低落的環境，這些事務很快便占據了我大半時間。

除了無法變更計畫和預算案，連對計畫整體的想法都不斷產生對立。我認為應該從營運計畫控制初期投資的規模，門馬卻堅決反對。

「不，我就說了，這裡有三千萬預算，所以不必刻意節省。這是公部門的計畫，請你要花到一、毛、不、剩！公部門就是這麼一回事，盈利那些等到營運階段再想就可以了。我們付錢給你們，是要請你們提案營運方法，請認真思考營運部分。」

我心中想著「就說這樣不對」。要不虧損，營運上所想的種種，都必須在計畫、開發階段就腳踏實地執行才行。我們在無法取得共識的情況下，仍照計畫進度推進，然後計畫幾乎無法調整，只說要盡量用錢。

田邊和野野村也越來越失去熱忱。對門馬蠻不講理的態度，田邊終於脫口而出。

「我說你們只會說些無關痛癢的話，那就你們自己去做，怎麼樣呢？現在這種做法是不可能成

如何是好，雖然難為情，卻別無他法。

我打電話聯絡佐田問能否見一面。他好像早就等著我開口一樣，立即回覆我，約好等會兒見。

這次佐田也掌握一切了吧。

我打算真心誠意跟他道歉。因為我任性參與的計畫拖累夥伴，演變成一發不可收拾的局面，還有我沒有聽從他根據自己的實際經驗提出的忠告。

❖

已經到約定的時間，佐田卻遲遲未現身。當我陷入佐田是不是不想理我了的焦慮中，營造廠的川島先生打電話來。

「瀨、瀨戶先生，出大事了！佐田先生騎腳踏車回家時發生意外，被送上救護車了。」

我心跳加速、血色盡失，幾乎無法對著話筒好好回話。

「我、我知道了。我現在馬上去醫院。」

專欄 5-1

公部門領軍的事業窒礙難行的結構性原因

公部門插手的在地事業總是不盡如意，根本原因在於其不具有以創造事業成果為目的的組織，加上未將補助金、統籌分配款視為在將來創造利益的「投資」。地方政府的投資計畫案雖然經中央根據一定規則和會議核可，但幾乎未從「這項投資能否回收」的角度審視。從頭到尾只是確認內容是否符合規定，更重要的是補助金、統籌分配款等的設計目的是「援助資金不足的鄉鎮市」，因而較重視能否明確說明「資金缺口有多大」，而非「能否賺錢」。倘若投資能回收，就會有民間資金投注融資。但那些無法回收投資的計畫，在不期待回本挹注稅金的階段，就可斷定無法回收。其中存在鄉鎮市活化政策的悖論。

再者，如果是建物，完成後需要三、四倍的維護經費。即便在建設的初期投資一百億之中，中央出資七十億、地方負擔三十億，其後每年的維護費用、每二十年所需的大規模修繕費用、最終的拆除費用等總計三、四百億的資金都須由地方負擔。中央以為地方好為藉口，設立補助制度；地方政府以在地發展為藉口，請求中央用補助金、統籌分配款補足初期投資不足的部分。正是這樣的補助讓過於龐大的事業計畫誕生，導致衰敗的速度更快。

私部門也一樣，例如空店的整修裝潢費、以兩年為限的房租等由補助金支出，幾乎不會出現能夠成長到可自付高額租金程度的店家。在打造設備、選擇租金較便宜的店面等不需要補助金範圍內借助補助金的店家，原本成功的機率就不高。即使對該地有短期效果，大多無法延續到中長期。

專欄 5-2

金玉其外的地方分權的兩難

都道府縣知事、市町村長在戰後改為直選，大力推進了日本的地方分權。此外，「地方分權一括法」（一九九九年七月通過，二〇〇〇年四月實施）擴大了各地方政府可自行決策的範圍。然而，許多地方政府至今仍被國家政策左右，現實狀況始終是少有地方政府推動在地獨創政策。

論其原因，肇因於中央的各式各樣補助金、統籌分配款。日本藉由「地方交付稅交付金」機制，打著財政均衡化的名號，針對稅收不足、財政赤字的地方政府，透過總務省投入彌補缺口的預算。地方政府擬定個別計畫時，一開始就以這項填補款項為前提，甚至即使出現虧損也由中央分配款來填補、調整。換言之，無論個別或全體，運作上都是全盤倚仗中央預算的結構。

倘若地方政府學會如何盈利，會因此被視為財政不那麼緊繃，產生分配款減額的「反效果」，所以許多地方政府相較於賺錢更重視拿錢（附帶一提，獲得再多「故鄉納稅」，分配款都不會減少，所以大受地方政府歡迎）。

然而，缺乏「我們不需要分配款，請推動減少國稅增加地方稅，經營我們自己來負責」意識的首長，實際上是一味提出「請給我們更多、能更自由運用的分配款」的要求。也就是說，「不想自負盈虧但想要錢」，就像跟媽媽要更多零用錢的小孩。但不可能由國家強制要求所有地方政府。

今後要讓鄉鎮市變得更好，必須尋求正確的分散式成長模式，也就是不要什麼都請示上意，各地方政府在自有財源範圍內尋求成長。

第六章　失敗、失敗、又失敗

沒有不斷成功的贏家

事業未能有長足成績的情況下，責難的箭頭指向拿了鉅款受託的我們。在此之前，我們原本是「民間主導、努力不懈的在地團隊」，不知不覺中淪為「圍繞公部門成群結黨的無良顧問同黨」。

預料到情勢將如此演變、數度提出忠告的佐田，顯得格外重要。只是他在接到我的邀約出門時遭逢意外。對我導致的這般無可挽回的局面，我由衷覺得窩囊又後悔。

❖

我被要求參加公所主辦的地區營造研討會說明狀況，舉辦研討會是專案計畫的項目之一。雖然其實我並不想出席結束後的交流會，但找不到藉口中途離場，來到講臺前有著在地大老的桌邊替他們斟酒。

為在地大學的老教授倒酒時，他以輕蔑的眼神看著我，邊冷笑對我說著。

「嗯？那個、你，是叫什麼啊？還在搞地區營造嗎？」

周圍的人同時笑了出來。比起懊悔，我先是吃驚，接著覺得恥辱，想立刻奪門而出。沒錯，我猜他們應該心想「用了那麼多預算，卻沒創造出什麼像樣的成果，還敢厚顏無恥來這裡」吧。

不久之前還非常肯定我們，說我們是「由民間主導具挑戰精神、值得讚賞的地區營造組織」，沒想到轉瞬間態度劇變。比起憤怒，我更感到寂寞，結果大家並不是看到我們推動了什麼，而是因為其他人說就跟著說我們厲害，一旦周邊開始有人說不怎麼樣，便一哄而散。**唯有失敗時，才能清楚辨別誰是真正讚賞我們的人、誰不是**[73]。

❖

原本應貫徹逆算，先與能填滿賣場的農家訂定契約的公路休息站也毫無進展。農家反映：「如果在休息站上架可以賣掉的話就放，但擺在那賣不掉的話，不如出貨給農會還比較輕鬆、比較方便。以前也有公所設的產地直銷設施，結果賣不出去，送貨去變成一種折磨。實際上，擺在你們的休息站裡，一天能賣掉多少？」

他們這番說詞也沒錯，所以我才希望舉辦農夫市集等在建設前先做嘗試，評估顧客反應。然而，公路休息站的建設時程表一開始就已定案，最終無法嘗試直接開工。議會對這樣獨斷獨行的做法，提出合情合理的意見，引發一陣爭吵。

[73] 失敗的時候，當時只是附和周邊讚賞的人會馬上遠離，認真看待的人則絕對不會拋棄我們，甚至可能告訴我們一起再挑戰一次吧。不要因背離者而氣餒，應該為了達到相信我們的人的期待而投注心力。

「明明農家還沒說要鋪貨，為什麼就先開始建設了？」

再來是中心商店街的成員，他們根本覺得我們在造反。

「你這傢伙在當幫凶，拿稅金在郊外蓋變成我們競爭對手的店㉞，開什麼玩笑！」

同一時期，負責經營民宿的地方收到匿名文章，寫著「因為跟地區振興協力隊的女性有男女關係，才讓她加入」等毫無根據的傳言，或是打電話到辦公室投訴。在地的匿名網路留言板上湧入大量批判。不少共享式店鋪進駐店家表達擔憂，我一一向他們說明公所的專案計畫與我們的主要事業無關。無論內外都一團混亂。雖說是自作自受，我還是覺得筋疲力竭。

我想跟佐田說說話，只是他正因意外事故住院，必須靜養。

開始講究起自行車的佐田，騎自行車來回自家與辦公室，巡視店鋪。聽說他正在十字路口等紅綠燈時，卡車迅速切入將他捲了進去。佐田的頭蓋骨和大腿骨骨折，緊急送醫，立即動手術，在加護病房待了好幾天徘徊生死關頭，才保住一命。

「已經脫險了，但還不知道對腦部有什麼影響。接下來只能看他什麼時候恢復意識，跟他對話

㉞ 日本公路休息站是地方政府運用中央補助款開設，維護管理費用等大多需由地方政府負擔。對那些跟銀行借貸來開店，維護費用從盈餘中撥出，並繳納稅金的民間業者來說，不僅條件不平等，甚至因為這些公路休息站規模更大，造成小蝦米對大鯨魚的情況。主要道路上早就有便利商店，也能借用這些既有店家的部分空間來販售農產品。無視這些現況，由公部門主導特意經營店面，會在當地造成極度扭曲的競爭，讓認真經營店鋪者蒙受損害。

才能確認了。」聽說醫生對佐田的家人這麼說。

佐田有兩個年幼的女兒。

我去探病的時候，看到佐田太太面容憔悴。

「是瀨戶先生啊，外子受您照顧了。他總是很開心地講著有關你的事唷。」

「不……不，是我一直給他添麻煩了。這次會變成這樣也是因為我想找他講話，叫他出來，才變這樣，我真的……」

「現在多說無益，請您就不要在意了。我想外子也是這麼想的。」

面對她堅毅的表情，我什麼話都回不出口。沒錯，現在不是情緒低落的時候。希望別人同情努力卻得不到回報的自己，這種被害妄想本身就是我天真的地方。

❖

跟朋友旅行回來的母親聯絡說想拿名產給我，我從醫院回家途中順道去了一趟母親家。最近因為公所的事紛紛擾擾，害怕母親問我結果，好一陣子都沒跟她見面。

「那個啊……」

母親可能察覺到我的扭扭捏捏，於是先開口。

「我聽說了唷，佐田出車禍。還有你說要做的事業好像不太順利的樣子。」

在我們這個小地方，無論什麼都馬上傳遍了吧。

「嗯，公所的工作，佐田阻止我不要做，但我實在太想做出一番讓大家認可的成績才去做的。佐田發生意外也是我的錯，是我要他出來的……到底為什麼會這樣，我做什麼都不順利。」

我邊說邊淚流不止。

母親沒有隨便安慰我。

「心情低落就一臉不開心的話，沒人想跟你一起工作唷。阿公不是常說『**低潮時更要笑，就算沒什麼意義**[75]』。」

我不假思索反駁。

「怎麼可能做到啦！」

「淳，你去洗手臺那看看自己現在的臉。我想看到這臉，沒人想跟你說話唷。」

要是這麼簡單就能振作，就不會這麼痛苦了。我賭氣看向窗外，窗戶玻璃上映照出自己的臉，的確一副慘樣，但我再怎麼努力都沒法立即變得開朗。母親生性樂觀，唯有在這種時刻讓我特別難受。

「我去外面晃一下。」

母親喚住正往外走的我。

[75] 雖然是個人經驗，但我曾在商店街的活動中受託處理販售、管理現金等工作，首日營收不佳，甚至關帳後數字對不上，讓我情緒低落。在大家慶功的場合，我以陰沉的表情反覆計算想讓數字對上，商店街會長看到後對我說：「因為這種小事煩心，明天就會沒有人要幫你了喔。不是心情低落，就要擺出一副『我心情不好』的臉，笑著讓它過去的傢伙未來才會成功唷。」這段話我至今仍謹記在心。

「等一下，拜託你做件事，幫我拿名產給山城先生。山城先生是從你阿公開始做生意時就很照顧我們的人，很值得信賴呢。你小時候不是也跟他一起下過棋嗎？」

「啊，那個山城爺爺啊。但我現在不想去，不知道會被說什麼。」

「沒事、沒事，只是拿個名產去，好嗎？我會先打通電話的。」

母親把名產硬塞給我後出門，想到要去好久沒拜訪的山城爺爺家讓我有些緊張，那裡可是我們當地數一數二的名門之家，大門宏偉。像古墳一樣大的墓園，規模大到每逢春日時節都會開放讓在地民眾賞花。記得他還是在地電視臺的大股東。對照我現在的失敗，更讓我意志消沉。我激勵自己不能這麼陰沉，勉強擠出笑臉。

「有人在～嗎？」聲音響遍大宅。

「喔喔，這不是瀨戶家的孫子嗎？是叫什麼名字來著？」

他緩緩穿過走廊來到玄關的樣子，確實比記憶中老了很多，但腰桿仍非常挺直，看起來年輕得不像已近九十高齡。

「我是淳。我拿母親交代的名產來。」

「我聽她說了喔。聖子好嗎？那孩子嫁來這裡的時候真的很漂亮啊……現在不知道怎麼樣了。呵呵。」

山城爺爺手摸白鬚看向遠方，腦海似乎浮現什麼般笑著。色老頭的樣子完全沒變。

「難得你來，請進來。」

「不了，我馬上就要回去了。請不要客氣。」

「不要這樣說，不是很難得嗎，請進。」

我無法拒絕，脫下鞋子走進緊鄰玄關的客廳後，有人端茶進來。山城爺爺緩緩地移向沙發坐到底，邊直視我笑著。

「你怎麼一臉鬱悶，呵呵。」

「您也真是的，您都知道了吧。」

「沒有、沒有，我什麼都不知道，不過在地的傳言不喜歡也會傳進耳裡。但是呢，淳你這小子的失敗，不算什麼大事吧，呵呵。」

我正想回他那是因為事不關己，但他立刻接著說起來。

「我有樣東西，一直想說哪天要給你看，呵呵呵。」

他一手拿過早已擺在旁邊的老相簿，開始翻了起來，讓我錯過回話時機。

「對了、對了，就是這個。」

他滿是皺紋的手指指向一張老照片，照片裡有個在不知什麼店的店頭搬貨的中年男子。

「這是你爺爺瀨戶三郎。你聽過他的故事嗎？他在戰前去朝鮮半島在釜山做生意，戰時雖然上了戰場，但總算最後沒死。回到日本後，為了生活，幫忙親戚做生意。」

這些事我從來沒聽過，因為父親沉默寡言，幾乎沒跟我講過爺爺的事。

「親戚開的食材批發店，因為戰後物資不足相當賺錢。但你爺爺被某個廠商騙了，進了一批劣質貨，然後跟親戚吵架，不得不背負劣質商品造成的損失離開，開始自己做生意。加上那時戰爭剛結束不久，沒人可以幫忙。那時他看上原本都是田的我們這裡，認為鐵路會延伸，接下來應該能賺到錢，搬到了我們這裡。他最初是租倉庫，從一家小小的食品零售店開始，租他倉庫的就是我啦。」

「為什麼把地方租給不認識的人呢？」

「還不是因為他很拚命。犯了大錯背了一身債，之後又必須餵飽一家人。他一臉認真來拜託我讓他在這裡做生意。一開始我疑惑什麼關係都沒有的傢伙為什麼說他想租這裡，但我**被竭盡全力的模樣感動**⑯，先以半年為期租給他。」

「這樣呀。」

「他在那之後拚命工作，順利還完債務，接著說要有自己的店。就這樣在現在的地方開了店喔，後來獨力把店做得那麼成功。你爸似乎不是很適合做生意，那你呢？」

⑯ 提案或對他人說自己想做什麼的時候，百分之九十九會被否定或無視。因為這樣就覺得「不可行」，會被認定其實你不太想做，就此畫上句點。不管說五十遍或一百遍，不斷講述就會出現願意聽你說的人，因為沒有其他人鍥而不捨到這種程度。被否定或無視一兩次就放棄，不會有人願意認真聽你說。

「我也覺得自己不適合。我彆扭地想要立大功卻讓事業失敗，而且某種意義上還背叛了事業夥伴朋友。我想跟他商量叫他出門時，害他發生意外……我做什麼都不行。我越做就越會出現不如預期的結果。早知道會像這樣失敗的話，不如好好在東京上班。」

我誠實說出此時此刻的心情。

山城爺爺以更低的聲音、更慢的速度說著。

「人的價值吶，不是在失敗的時候決定的，而是由失敗後會怎麼行動來決定。然後真正的挑戰不是要開始做什麼的時候，而是失敗後再站起來的時候。你這傢伙才剛站在起跑點而已。」

說到這裡，山城爺爺將茶一口飲盡。

「失敗個一兩次就找理由放棄，表示你根本不是認真的。大家都在看你怎麼做，才能從現在的狀況再站起來。成功的人，失敗時不像其他人那樣容易放棄，所以才成功的啦。沒有成功者是沒失敗過的，呵呵呵。」

聽到他這麼說，我才意識到自己是想用低落的樣子引起同情，找理由放棄，以便再回東京。我仰望天空陷入沉默。

玻璃杯中的冰塊融化發出叩隆一聲，瞬間把我的意識喚回當下。我說聲謝謝，然後離開山城爺爺家。

回家路上，雖然心境複雜，腦海卻迴盪著山城爺爺的話。

「第二次的挑戰才是真正的挑戰，是這樣嗎？」

果真不再挑戰一次不行，為了佐田和夥伴，更為了自己。

久未仰望的天空，看起來比平常更寬廣。

❖

與公所的合作，以照章行事的方式結束了合約的最後階段。我在心中暗自想著第二次的挑戰，總算把這次合作結案了。

回到原點

山城爺爺的一席話「第二次的挑戰才是真正的挑戰」，大大鼓舞了因失敗陷入低潮的我。因為一兩次失敗而懊悔，曾想著要獲得同情、找到放棄的契機，為了讓自己這樣的心情劃下休止符，我想我必須先跟夥伴談談。

「道歉吧。」

我打電話給野野村、田邊、種田，還有營造廠的川島先生，夥伴們時隔許久重聚。這是第一次在佐田不在的情況下，我們這群人這樣聚在一起。全員到齊前瀰漫著一股莫名的尷尬氣氛，各自或打開電腦或滑著手機。

等大家到齊，我一鼓作氣開口。

「事情演變成這樣，我真的很抱歉。雖然佐田尚未康復，我想再次回到原點，重新挑戰。對於佐田至今所做的一切，這是我覺得我應該做的。但要是沒有大家的力量，我什麼都做不成，誠心希望在這第二次挑戰上，你們能助我一臂之力。」

因為參加這次公所的專案計畫，使夥伴們變得疏遠，此時佐田不在，如果我們不同心協力，連原來「間間間」股份有限公司的事業存續都岌岌可危。如果大家不幫忙，說不定我只能放棄，一想到這裡就讓我手心冒汗。

凝重的氣氛中，向來很少發言的野野村罕見地率先開口，用稍高的音調說著。

「嗯啊，現在佐田先生不在，我們在這裡鬧不和的話就太不像樣了。比起為了瀨戶先生或為了佐田先生，我們一部分是因為參與市裡的事業的關係，才有辦法做現在的工作，所以大家應該也不想就這樣結束吧。」

川島先生點著頭跟著發言。

「瀨戶不在的時候，真的就只有佐田一個人在努力呢。他明明還有自己的店，卻一句怨言都沒有，也沒跟我們訴過苦。我想他應該是希望瀨戶能注意到吧。現在瀨戶已經注意到這點，我願意全面協助。」

有始無終被拉進公所專案計畫的田邊，因為有不好的回憶而一臉陰沉的樣子，但他還是接受了我的請求。

「瀨戶先生有在反省，大家也願意做的話，那我也幫忙。一起努力讓佐田先生回來時能開懷大笑吧。」

在那之後，他們告訴我，在我全力進行公所專案計畫的幾個月間，佐田做了哪些事。佐田比我想得更遠，已經在準備接下來的事業了。不是現下眼前的預算，而是預想著創造出未來的新需求。

我開始巡訪佐田推動的各專案的地點。

❖

從市中心開車只要十五分鐘，就幾乎已經進到山裡。

除了至今主要的建築再利用業務，佐田還思考了新的住宅商機。專案負責人能登先生經營營造廠，因為這層關係，他最近似乎跟獨力推動發展高隔熱住宅的川島先生合作。我搭著川島先生駕駛的輕型卡車造訪他在山裡的加工廠兼辦公室，能登先生從屋子裡面走了出來。身材高大的他有著黑亮皮膚。

「你跟這傢伙講講關於林業的事啦。我們想要推進跟佐田先生說過的那件事。」

「OK，好。這一帶以前林業很盛行，但昭和四〇年代後迅速衰敗，約莫十年前，連森林協會也因為高齡化而無法運作下去。我阿公以前只靠林業生活，後來兼作營造廠，我老爸是在市裡的信用金庫工作。」

「是、是這樣啊。」

我雖然一邊回應，但實在不太清楚這些怎麼跟事業扯上關係。

「我是阿公養大的，所以繼承了營造廠。生意實在難做，然後這時候，我發現我們這裡雖然用國家的各種補助款、分配款蓋了木材加工廠之類，卻沒有善加利用。難得蓋了氣派的工廠，還有完備的高級機具，就這麼閒置很浪費。」

「在這麼山裡，也有用到補助金的設施啊。」

川島先生邊笑邊吐槽。

「要找到沒用補助金的設施還比較難唷。」

能登先生也笑了出來，繼續說道。

「就在那時候，我再次造訪學生時代去過的德國，到處參觀新的木造住宅，剛好有個機會訪問經營自伐型林業⑰的小村莊。讓我想到日本同樣有機具有山，想做的話就能做吧，就在十年前左右開始了小規模的林業。最初是把無法製材的木頭做成地磚或免洗筷。之後，我又善用家有營造廠這項優勢，研究在德國學到的高隔熱住宅，用日本的做法蓋了之後大受歡迎。佐田會用我們的木材裝潢他的店之類的，於是我們有了往來。他家也是用我們家的木材，然後川島蓋的呢。」

「說到這個，我去佐田的店的時候，有座很氣派的木吧檯吶……那個也是這裡出產的嗎⁉」

我腦中終於把因果關係連起來了。

「沒錯、沒錯，那座吧檯很氣派吧～」

「能登，我們今天來是有件事想找你商量。佐田之前提過後來沒下文的那個，要在河岸邊蓋房子的計畫，我們想重新啟動。」

川島先生說完後，窸窸窣窣地從架上拿出資料，開始跟能登先生討論。

這個地方是能登先生擔任負責人的企業「山守股份有限公司」的加工廠兼辦公室，這間公司承接了周邊區域原有的好幾個森林協會負責的業務。

我邊走邊瀏覽著貼在牆上的資料時，站在川島身旁約莫六十歲的男子向我搭話。

「你有興趣嗎？」

他原本好像是在製造商的工廠負責工程管理，提早退休後想著要為日本的森林問題盡一份心力，在網路上搜尋資料，認同山守的事業而到這裡任職。

77 自伐型林業不是過去那種以大型機具進入山林，開闢寬闊林道採伐樹木，而是用在狹窄林道也能作業的輕型卡車和小型採伐機具，少量採伐。因為設備投資等成本便宜，容易回收，廣受矚目。甚至未製造林業用機具的廠商，近來也著重開發自伐型林業機具。

山守積極採用新技術，以GPS資訊管理生長在山裡的樹木位置和其所有者。山這種東西，有整座都是一個人的，也有同時存在好幾個地主的，還有許多雖然是同一座山但擁有樹木的卻是不同人、如共同住宅的山。因此，需要有符合時代需求，確實且有效率的管理方法。其次，將生長在山上的樹木樹齡大致輸入資料庫，為了在樹木售價最高的時間點採伐送出，擬定開闢林道的計畫。

「就跟製造商設計產線、投入生產一樣唷。如果不好好有計畫地投資開闢林道等，不能在賣價最高時採伐樹木出貨，價值就會變低啊。以前是造冊管理，哪裡的土地是誰擁有的，管理上一直相當隨便。還有在獲利的年度，協會理事以『考察』為由把收益花在海外旅行之類，應該投資林道、重機械等的年度卻苦於資金調度，這樣亂七八糟的糟糕事情也很普遍，最後變成一直在追求補助金。現在為了讓沒有工程管理專業知識的各個森林協會理事也能了解，看，就像這樣在白板上寫下目前山林的狀況、投資狀況、資金狀況。」

聽他說明之後，我注意到一點。

「我們那裡的商店街也是在賺錢時去玩，或者把錢花在其他東西上，商店街組織結果都靠補助金。我聽說以前甚至會做兩本帳。**我們商店街發生的那種事，原來在山裡也發生過**⑱**啊……**」

川島先生與能登先生的談話似乎告一段落，不知何時已從辦公室走出來，

⑱ 賺錢的時候不妥善運用資金投資浪費掉，等到沒錢才求助補助金。就像城鎮裡的閒置空屋與日俱增，棄置不顧的山林正大量出現。無論前者或後者，共通之處是未能妥善投資與管理，使價值持續降低。不管在山裡或城鎮，必須妥善經營這一點是相同的。

在輕型卡車那裡揮手大聲喊著。

「喔唷～瀨戶要走了啦～」

我急忙向跟我說明的中年男子道謝後上車。我們直接繼續開著輕型卡車，越過一座山頭移動到另一個聚落。

在那裡等著我們的是柳澤先生，一位白白淨淨的男子。他在學徒時期曾與佐田共事，為了進修料理前往法國，前年回日本。

他在家鄉開闢田地，去年在河岸邊開了自己的餐廳。

餐廳開幕時，我和佐田一起去吃過，深受感動。佐田之前跟他談到，希望在這裡開設以餐廳為主打的住宿設施「料理民宿[79]」。他希望能在我們這連個像樣的住宿場所都沒有的地方，打造民宿。

跟川島先生一起走進店裡後，柳澤先生從後方走了出來。

「唷～好久不見，瀨戶。佐田的事啊，那傢伙的話，絕對會健健康康回來的，你就安心吧。」

或許是被柳澤先生看穿我難以啟齒的心思，對變得生疏的我來說，他這番先開口的貼心讓我非常感謝。

「我跟川島講過了，等佐田恢復健康回來的時候，我們要用比那傢伙所計畫的更棒的樣子來迎

[79] 出乎意料的，技藝精湛的廚師在大都市以外地區開店廣受歡迎的例子越來越多。近年來，在觀光區以食為主打的料理民宿也有增加的趨勢，伴隨觀光產業的成長，今後「食」將是越來越重要的主軸。西班牙巴斯克地區聖塞巴斯提安（San Sebastián）便是以「食」吸引人們從全球各地前來的城市。

接他。瀨戶也是不盡力不行。」

「我、我會加油的。」

經歷了與認識的人、別人介紹認識的顧問等一起推動專案後，我心想，或許佐田想傳達給我的是，有能力的人才成為夥伴，共同推動專案，這樣才會變得有趣。

❖

我回到辦公室後，將剛剛訪問各處聽取的內容轉述給田邊和野野村。田邊也向大家報告。

「對了、對了，佐田先生還說，好幾個農家的人找他商量希望有地方開店，他想出加工兼販賣的工廠附設店面唷。總之，農家的人拜託的印刷店設計很差，之前不是有講過要讓最近搬來的那個我**認識的設計師**⑧⓪加入嗎？總之事情就變這樣啦，我會跟進。」

野野村也有新的提案。

「之前說過想在這裡做租賃住宅，所以我針對這件事開了些會。雖然還沒有具體的內容，能跟剛剛的山守一起做的話或許會很有趣。我朋友的

⑧⓪ 現今的時代，幾乎所有地方都有設計師。他們可能擅長描繪圖像、設計產品、架構網站，又或是能夠設計建築等空間。如果能透過自己認識的某類設計相關人才來擴大人際網絡，可在絕佳時機遇到適合的人選。無論是網站或文宣品等，可行範圍內也無妨，將設計委託給設計師，品質會大為提升。反之，如果疏於努力，只跟在地老牌印刷廠合作，隨意委託，極可能造成品質大幅下降。

公司現在持續成長，前些時候說他想要租像是公司宿舍之類的。他說要吸引好的人才，一定要提供好的住處。我會再想一下，寫份簡單的企劃書。」

最好的企劃會在與夥伴一來一往的對話中誕生。我不是一個主意很多的人，比起硬是打腫臉充胖子，接受大家的幫忙可能是更適合的方式。

他們過去都在各自的領域奮鬥，即使年齡增長、轉換跑道，仍竭盡全力想解決問題。讓我在得到勇氣的同時，再次心想自己不加油不行。不只是深思熟慮，不試著動手的話，什麼都無法開始。我對他們傾吐我以前就在煩惱要不要實際執行的提案。

「還、還有件事，佐田曾經提醒我，讓我很在意一件事。我昨天想起佐田一直跟我說：『你啊，也要知道其他地方發生些什麼，拓展自己的視野。』所以我想是不是能利用工作空檔，短暫巡迴各地視察，再跟大家分享在那些地方的發現……」

佐田會定期前往外地(81)。

田邊聽了立即回應。

「瀨戶先生，那你已經決定要去哪兒了嗎？」

「不、還沒，我想接下來再想。」

「不，那個已經決定了唷。」

(81) 創造一番成績，得到讚賞後，領導階層應該頻繁前往外地，接觸外部形形色色的資訊，從而獲得靈感返回當地，著手新事業。但請注意，如果不能將資訊恰當地傳達給第一線人員，會讓他們與領導階層產生極大隔閡，還可能導致紛擾。對被日常業務追著跑的第一線工作人員來說，會感覺上面「又是想到什麼就要做什麼了嗎」。領導階層為了傳達在考察之地的所見所聞，必須彙整成報告，或是刻意創造分享、邀請在外認識的人來訪等機會。全員能否取得「為什麼要做這個」的共識，將是下一個成長階段的關鍵。

「咦？什麼!?」

田邊開始說明，在我尚不知情的時候，他跟佐田一起計畫了「瀨戶淳基本功修行之旅」。

基本功修行之旅

「那就請把貨物放在那唷。」

我在宮崎某處不見人影的拱廊街揮汗工作。

這個都市過往因某大企業形成企業城而繁榮一時，近半世紀前開始衰敗至今，車站前再開發打造的宏偉設施裡，進駐的幾乎都是政府相關單位，如市民活動協力中心、地方政府服務窗口、當地大學衛星校區等，相對於建築的恢宏，人影稀疏。雖然設有咖啡廳，卻貼著在設計感十足的空間中顯得突兀的「新推出拉麵」海報，這種格格不入分外引人矚目。設置在共用開放空間的桌椅上，無處可去的年長男性身影更顯醒目。

我將送達的貨物放在咖啡廳入口，拿著簽收單等待對方蓋章。

「請在這裡蓋章。……是的，謝謝您！」

那個星期，我寄宿在某家酒商，並幫忙工作。雖然第一天對不熟悉的工作無法上手，但因為晚上他們讓我參加當地將推動的專案事業會議和聚餐，所以能夠完全樂在其中。我實實在在感受到他們在這裡所做的，跟我在家鄉做的有共通之處，親近感不禁油然而生。

跌入谷底的這個都市，幾年前利用原為銀行的土地開設店鋪而受到歡迎，蔚為話題。之後曾在東京經營選物家具店的老闆返鄉居住開店，將停業的電影院改裝成餐廳，讓某部分區域恢復了往日的熱鬧氣氛。

我為了探究其中的奧祕，幫忙提供不動產並致力於家業、地區活化的人工作，同時他們讓我參加專案會議等。

接下來他們計畫在老舊商店街自力打造民宿，並善用靠近著名觀光區的優勢。山守的成員會來舉辦古老木造建築高隔熱化工作坊(82)，因此我先行來到當地。

「真是的～，沒想到居然還有這樣的緣分～」

在當地從事酒類批發，也經營大樓等的南先生向我搭話。

「我跟佐田有在某個會議同場呢，雖然是個無聊的會，但他那番信念十足的話讓我心情暢快啦。正想怎麼最近都沒來聯絡呢，居然發生那種意外……不過，我會把我們在做的事業之類的訣竅全部告訴你，你要給我學會帶回去。說是這樣說，也沒什麼大不了的訣竅啦。」

「您不要這麼說，光讓我幫忙，就讓我每天都學到很多。我在自己家鄉推

(82) 大家聚集在會議室互訴意見不叫做「工作坊」。像這樣不委託業者而由自己來執行，不僅人事費用減至最少，更可以學到做法，可謂一石二鳥。不是真的「工作」的工作坊就沒有意義。

動這些的時候，有時覺得自己好像被地區孤立，進展不順也覺得是自己的錯而情緒低落。但我發現無論哪裡都會發生類似的事，但大家還是每天不斷前進。」

南先生瞬間用驚訝的目光看向我，笑了出來。

「這種那麼羞愧的事你講這麼直接。不過確實是啦，大家每天都在擔心，還是沒有逃避。即使現在被說成功，但無論做什麼，最初都是沒個具體樣子從零開始的。越做越久之後，可能會有夥伴離開，或者生病，也可能受傷。」

我聽著他說，覺得就像是在講我自己。

「但只有跨越那些，才能變成我們這地方的力量不是嗎？說起來我們也是啊，一開始想了好些在地應該做的事業，還向許許多多組織提案，卻沒人接受，不得已只好三個人開起公司啦。到現在這樣，增加了這麼多夥伴，還拓展了好幾家店，誰都沒想到呢。也不是沒人說我們壞話啦，不是常說**惡名勝過無名**[83]嗎？這是受到矚目的證據，最近我們還覺得有種快感呢。」

[83] 釐清想做的事，隨著事業內容越加具體，必然會形成無論贊成或反對都多的狀況。反過來說，如果大家都贊成的就會過於平凡，也不會是當地特別需要的（最典型的案例是蒐集眾人意見打造的公共設施卻沒人使用）。必須樂觀看待，或多或少的批評是事業變精煉的證據。若逆向思考，既得利益者的批判與結構改革有關。不是採取對立，而是只說「我聽到您的意見了！」，這種不需處理的意見也不少。如果貿然過度反應，反而會讓曾經贊同的夥伴離去。沒有原則的做法將無以為繼。

他笑著大聲說話的表情，對現在的我來說，實在看起來相當剛毅。

我不是孤單一人，誰都會煩惱，也會失敗。不是奮力讓地區整體都立刻參與、由眾人來推動，先由少數人開始也沒關係。一旦這麼想，回鄉後的推動工作似乎能夠比從前更從容。

❖

他們將自力打造的民宿，使用的是一棟古老的木造建築，看起來像極了我的老家。老家室內非常冷，現在一到冬天，共享店鋪不一直開著暖氣就不會暖和。我沒想到可以讓這樣的古老木造建築提高隔熱效能，使建築變溫暖。

為了週末的活動，週五傍晚，以能登先生為首的山守的成員來到當地集合，大家一起喝酒邊確認週末的流程。

工作坊當天，用專業器材測量了建築的表面溫度。先跟當地的參加者一起掀開榻榻米，為防範從縫隙吹進來的風，放入薄墊再塞進隔熱材；剝開牆壁的一部分，放進大家帶來的不要的刷毛布等。我完全沒想過不用的刷毛布可以發揮隔熱效果。

其他還有鋪上新的壁板等，實實在在以「手工」開啟工作坊。隨著一項一項工作完成，室溫跟著提高，結束時甚至參加者還熱到要脫掉身上穿著的外套。裝上山守特製的木門窗框，再把門窗卡入，完工後，這裡已脫胎換骨。

木造建築因為寒冷，很難當作民宿，或是暖氣費用昂貴，這些都是我的成見罷了。

能登先生向參加者說明為什麼這樣做就能提高隔熱效能。

「因為鄉間的老房子裡面冷，熱休克昏倒的人不少，能夠做好隔熱就可能防範這類意外。而且整間房子都變暖和，暖氣費用也會減少。如果使用暖氣機、煤油暖爐，用多少將會因此讓大家的錢流向發電、產油的國家或地區。僅是提高隔熱效能，便能讓生活變舒適，並改善地區整體經營。每月三萬的暖氣費能降到一萬的話，以地區整體來思考，價值相當高。提升了隔熱效能的房子，即使不使用煤油那樣強大的火力也會變得夠暖和。這個地方最多的就是山，使用燃燒木材的暖爐，也能用換熱來燒開水等等。」

原來如此，隔熱不單讓生活變舒適，也是地區整體的經營問題，正是在坐擁山林的地區才得以成立這樣的獨立自主運作方式吧。

他們似乎也想以這棟民宿作為體驗經過隔熱效能提升整修的住宿設施，目標是今後繼續推進周邊老舊建築的整修。

這次最大的收穫是從宮崎與山守的通力合作中，實際見識到超越地理疆界、在所居之地苦戰的人們彼此協力就有機會突破事業的障礙。

「我想我知道回到家鄉後該做什麼了，謝謝。其實我還有一個不情之請……」

我拜託南先生一件事後，離開了宮崎。

❖

佐田平安恢復了意識，只是最初一個月仍苦於意識障礙等症狀。其後，奇蹟似的恢復健康，但仍有一些語言障礙，工作溝通不易。相信這點在復健後將有改善，至於是否重返工作崗位則再觀望一段時間。

我不再去佐田的病房了。不，做自己能做到的。在佐田自願回來之前，我想著只有我不可以跟佐田見面。

之後，我一邊推動在地專案，一邊將事情託付給夥伴，前往外地考察三天兩夜，這樣的日子持續了好一段時間。

若是在拜訪的地方發現「就是這個人」的人物，我會邀請他實際造訪，或是舉辦即時視訊讀書會，不只是為了我自己，也為了在家鄉參與的人。讀書會不是只聽這些講者講話，而是採取公開企劃會議的形式，討論我們正在具體執行的專案。

這樣的形式可以在聽取其他地區實踐者的建議後推進專案，知道自己無法獨力企劃，所以我歸納出這樣專屬我的做法。巡迴各地考察，讓我逐漸領悟，自己更適合坦率地聽別人發言，並將聽到的內容確實導向執行這個階段。雖然我沒有劃時代顛覆性的主意，但能用自己的做法，先做再隨時修正就好。

在田邊的提議下，讀書會不是免費參加，而是讓參加者依其個別屬性支付費用，經營者一次五千元，受僱者、公務員等一次三千元，學生一次一千，如果協助場地布置或製作會議紀錄就免費。一次能召集約二十人，收入還不到七、八萬，所以再加上我們公司的贊助金，用作聘請講師前來的旅費等。有盈餘就存下來，當作接下來的事業本金。開創任何新事物都需要資金，我腦中已經不再有希望誰來幫忙準備創始資金的想法了。這是佐田常掛在嘴邊的，沒錢就想辦法。

這些讀書會完全以「實踐為前提[84]」，當場決定企劃內容，甚至實行期限都在大家面前宣示，然後結束議程。藉由這種做法，在地與全國各地的猛將的合作一一拍板定案，得以完成出人意料的企劃。

每月一次定期召開的公開企劃會議順利充實了料理民宿的企劃內容，新的租賃住宅開發案也增添了在各地實踐的成員的各種巧思。

截至目前為止的事業，由佐田和我創立的公司統一負責，個別項目的投資金額越來越大。似乎終於到需要改變做法的時候了，我引頸翹望佐田

[84] 請謹記，讀書會只不過是讓事業化為現實的過程的一部分，如果把讀書會本身變成目的，說著「獲益良多」、「滿載而歸」，就會使讀書會變得毫無意義。具體而言，應以嘗試建立事業的內容為基礎，將所需資訊拆解成數次讀書會的內容，每次邀請最適合的人參加，將聽到的反映在具體行動上。許多事都是實踐後才能理解所學的內容。

歸來。

只憑當地之力無法解決的問題，**找活躍於其他地區的人們參與逐步解決**[85]，我覺得這樣的方式成效很好。我與田邊、野野村、川島先生一起推動新企劃的同時，大樓管理部分由種田幫忙跟周邊的不動產所有者來回討論，與我們簽訂統包管理契約的建築緩步增加。

好像總算擺脫最糟糕的狀況了……。新事業的籌備工作日日推進，至今的進展總算讓我鬆了一口氣。

❖

佐田遭逢意外已近半年，到了櫻花開始綻放的時節。

料理民宿的設計終於步入佳境，關於應該如何準備展開夏天開幕後活動的前期推銷，由田邊主導，正在竭力集思廣益。特別是食材方面，將「在地生產」與至今在各讀書會中獲知的「各地食材」組合開發獨一無二的菜色，並以提供我們食材的各地人士為住宿推銷的目標客層，優先接受他們預訂。若能一鼓作氣得到旅客可能前來住宿的良好回應，就可進入建設階段。

[85] 在鄉鎮市活動是非常孤獨的，即便是在大都市推動事業，努力的主要也不過兩三人。就算對外呈現淨是一切順利的狀態，在檯面下拚命掙扎的不計其數。因此，只要多去幾個地區，就會發現許多人貫徹對問題的認知、自負風險推動事業，處於跟自己同樣的立場，也會了解實際上並非人人都很順利。再者，比起地區間的差異，更應該注意彼此面臨的問題的共通之處。今日還能藉由網路聯繫，也可能與其他地區攜手推動具體行動。

決定租賃住宅基本條件後刊登於宣傳網站，立即全數售出。當初來找我們、正在快速成長的企業，流傳著要吸引優秀年輕人才就要有魅力十足的集合住宅的說法，讓我們在開發前就已預定出租給多家企業當作公司宿舍。這讓我們有相當程度的預期收入，在經營上實在值得慶幸。佐田總是說**先行推銷、逆算投資**[86]，藉由這些過程，我再次體會到徹底執行這兩件事的重要性。

以料理民宿為主推進的幾項專案，終於到了準備確定投資的階段。籌備作業幾乎底定的這天，要開會找出最佳投資時機，大家因而齊聚一堂。

「今天邊喝邊談吧！」

田邊眉開眼笑地打開他帶來的紅酒。

終於來到這一步了，我略顯感傷，回顧起一路走來的過程。

「現在回想起來，想用其他經費來大力推動什麼，就表示對自己沒有自信吧。事業是不會成長到超過自己能力所及的。為了讓事業壯大，自己要有成長，要能充分接受能做到的才能做到、不能做到的就是做不到，我應該一開始就坦然接受大家的幫忙。那時莫名逞強，讓我無地自容啊。」

現場一片凝重靜默。

[86] 逆算投資必然是在沒有「實際物品」的階段行銷，而讓人非常意外的是，居然只有少數人有這種經歷。但在衰敗地區，在沒有進駐店家的情況下開發、在沒有客戶的情況下製作商品，風險都過高。應該先與周邊富魅力的店家交涉承租或舉辦市集等來宣傳該地的商業價值，也就是「從小處行銷」，才是正確解答。在有成績的地區開發商品，也要先帶著原料到客戶那裡，與他們商議開發事宜。先行推銷受挫不是因為沒有建物或商品，而必定是因為進行的人沒有願景、未做有邏輯的說明，也就是業務能力不足所致。

糟糕，我又不小心脫口而出沉重的話題了嗎……。我邊想邊戰戰兢兢地抬頭，所有人的視線都望向我身後。

「我們暫時沒見面這段時間，你變得會說些大話了啊，瀨戶。」

我回頭看向門口，站在門旁的是一如從前的佐田。在我出聲叫喚之前，臉上流下了些許冰涼的東西。就像為了掩飾這點，我用比平常更大的聲音說著。

「歡迎回來。我一直在等著你回來唷！」

大家一起用剛剛開瓶的紅酒，慶祝我們的全新出發。那一晚，我們決定朝下一個階段邁進。

專欄 6-1

什麼是真正的「失敗」？

在各個地區，我幾乎不曾見過可以照計畫進行的事業。反而接觸過許多執著於原始計畫，中途應該變更時仍照計畫進行，導致極大失敗的再開發計畫。

有成就的事業，總是反覆修正原訂計畫。出現些許失敗的階段，就及早判斷「這樣下去不行」，改弦易轍。即使被周遭的人批評「跟一開始講得不一樣」，仍毅然決然再次挑戰進而成功的案例不在少數。我的實際經驗是，因為自身能力不足，幾乎沒有按計畫進行的。我開設的第一家公司構思了全國各地的商品網購事業，結果一敗塗地。真的賺到錢的是在主要都市中心區展開的廣告宣傳、促銷事業。其後在熊本市創業時，一開始曾提議由各大樓所有者合資，提升地區整體價值的美式企業重建手法，但完全沒人贊同。結果是從在地各大樓所有者所支付的物業管理費用下手，將節省的成本的一部分當作投資地區活化的資金，這樣起頭的事業仍持續至今。最初的計畫有變動理所當然，發展不順請不要鬱鬱寡歡，這時反而是考驗你有沒有「樂觀天性」，能否積極尋求事業的下一個機會。

更甚者，繼續推動事業，當初一帆風順的部分不再順利，或是夥伴因生病、受傷而離去；就算沒有這些事件，也會面臨全員同時年年老去的問題。

也就是說，沒有可持續到永遠的完全的成功，即使失敗連連，也不應當作關鍵的失敗，要追求不斷改變。

專欄 6-2

「外人、年輕人、蠢人」的謊言

在地區活化領域，常言道活躍的會是「外人、年輕人、蠢人」，但這幾乎是毫無根據的說法。實際上，在地區的行動要能具體執行，信賴關係不可或缺，這層信賴關係甚至不是一代就可形成。許多時候，驅動事物的是「從前很受那傢伙的父親照顧」這類親密關係。

再者，相較於既無經驗也沒有知識的年輕人，實際上不管程度如何，在專業領域累積一定經驗，具有一定知識的二十五歲到四十幾歲人更活躍的情形，相當普遍。此外，如果是真正愚蠢、誰也不想跟隨的人，定會招致禍事，根本不需再三強調，我們都知道具有一定領導魅力、領導能力的人更重要。我在大都市以外各地一起推動事業的人當中，有第三代，也有從江戶時代延續至今的商家，還有老店子弟。與其中稱作「中興之祖」的人共事，也就是不僅繼承既有事業，還打造出新事業主要骨架者，確實成果更豐碩。

雖然上一代奠定的基礎可能成為限制，但順利開始運作時，容易獲得更深的信賴，而且歷史這項資產是錢買不到的。這些以正面看待這點創造出新事業的人，充分善用其具有的一定財力。他們自命不才，「我不做的話，這裡就沒人會做了」，像他們這樣投入自己的資本，創造未來的地區產業，才能確保有一定的規模。要創造勝過當地衰敗情況影響的成果極其困難。我從未見過光憑「外人、年輕人、蠢人」成功的例子。

與受信賴的人、具有知識和經驗的人，以及有投資能力的人合作，才能創造成果。這個道理在地區活化領域與其他商業領域是一樣的。

第七章　跨域合作

籌措資金

佐田回歸工作崗位後不久，籌備已久的專案終於來到實行階段，除了我，還有佐田、田邊和野野村都聚集到辦公室。總算到了要以在讀書會學到的經營方式，決定該如何改變事業結構的時刻。

我向佐田提出自己的意見。

「『間間間』股份有限公司在這之前是以租賃、活動為主要事業來經營，我想接下來要實際由我們自負風險，開始經營事業才行[87]。其他地方業績能確實提升的，不意外幾乎都不是做轉租，而是有自有不動產，或在自己的地方經營直營事業的。」

佐田立即贊同我的意見。

「也是啦，不自己做賺的就會少。自己投資的話，有風險，但也能提高收益。我們已經開創了好幾項事業，都在運轉當中。這次也大致上已經有預定的租戶了，自己拿錢出來做，大概沒什麼不行的吧。」

[87] 風險與報酬理所當然是環環相扣的，初期的事業以低風險低報酬為主，多為租借既有設施，再轉租給他人賺取差價的「轉租」方式，但如此一來收入有限，且較不自由。另一方面，能背負投資開發設施的風險，租金就可全部進到自己的口袋。如果再由自己經營店鋪，上軌道後，除了租金，還能獲得店面的營收。必須隨著不同階段改變挑戰的內容，大幅提升營收後，必定會逐漸出現需要背負高度風險的時機。

關於有些在意的料理民宿事業做法，我表達了自己的想法。

「料理民宿也是，我覺得我們應該成為主事者，你們覺得呢？」

「沒錯，不能只讓柳澤一個人承擔責任。跟那傢伙一起另外創一家公司集資嗎？」

「那麼就問一下柳澤先生的時間，約他開個會吧。佐田也是，用視訊沒關係，如果你能參加就太好了。」

雖說佐田已經返回工作崗位，但還不能讓他太累。有時讓他在家以視訊的方式參加例會。嘗試這種做法後，我們發現藉由視訊會議，就能在略有空檔時開會做出結論，比每次都要召集全員開會更快完成。雖然我們這裡的交通時間大抵上十分鐘、二十分鐘，累積起來仍頗為可觀。視訊會議不只是跟身在遠方的人通訊的方式。

接下來，由田邊說明高隔熱住宅的進度。

「還有，你們都知道的高隔熱租賃住宅，已經順利讓在地企業租下當公司宿舍租出八間房了，剩下的兩間不少人在問，我跟川島先生不加緊腳步不行。這也是想到接下來的案件，或許跟川島先生一起另外開一家公司來推進比較好呢。不只是新建建築，還有來拜託我們整修時提升隔熱效能的人，跟山守合作的ＤＩＹ工作坊也大受歡迎哪。」

佐田點點頭。

「沒錯，川島跟山守的能登一起開公司去做吧。」

還有那些在讀書會、修行之旅認識的全國各地夥伴，我希望能跟他們合作。

「另外，像宮崎那樣幫忙我們的地區，開了公司後，向他們提議開發企劃也不錯吧。」

「啊～是南先生那裡啊。沒錯，難得能夠拓展出去，不要限於他們還是我們各自在地的地區就好了。」

「我們經營的民宿的某部分，用工作坊的方式，沒花錢就達到隔熱效果了，不是嗎？實際嘗試後才知道，僅是**加上隔熱**[88]，就能大幅提升生活的舒適度。如果是民宿的話，可以讓人試住一晚，當成樣品屋吧？老舊建築全部加上隔熱，我想可以擴展整修建築的需求。」

能夠參與佐田他們這樣一來一往的對話，讓我非常開心。

我覺得逐漸能掌握自己應有的定位。

❖

找了白天的空檔，與柳澤先生開會。

資金籌措似乎碰到大難題。

「銀行那裡一直沒有肯定的答覆。他們知道我家的餐廳很受歡迎，但說投資住宿設施風險過高。就那個啊，餐廳、住宿設施就算週末來客很多，平日可能空蕩蕩。有起有落也是啦。」

[88] 事實上，日本的建物設施舒適度之所以這麼低，原因之一就是隔熱效能不佳，導致高齡者熱休克。這些隔熱不佳的設施不僅浪費冷暖氣費用，即便使用電力、瓦斯、煤油等能源，因為這些能源產業大多不在當地，使該地對外的收支惡化，造成資金流向外地。加入隔熱不僅提升舒適度，還能有效改善對外收支。

該怎麼辦呢？我們一群人猶豫不決。此時腦中突然浮現最近造訪的岩手縣。

「對了，讀書會時，在岩手弄了產地直銷店的人不是說過，即使同樣產地直銷，但變動幅度很大，收入不穩定，**融資很難通過**[89]。後來在產地直銷店找來在地的大型肉店和魚店進駐，有穩定的租金收入，就以好條件拿到融資。我們或許可以參考他們的做法。」

「喔喔對啊，把料理民宿結合其他什麼東西，減少平日與週末的變動，就能創造穩定的收入……」

田邊像是突然想起什麼似的開口。

「啊，對了，以前不是有人來說過想要開貝果店嗎，就那個商店街裡倒掉的日式甜點店的女兒啊。之前她有在市集擺攤，評價很好耶。好像原本在麵包店工作過的樣子。」

柳澤先生贊同這個主意。

「如果這樣的話，可能可以請她幫忙做料理民宿要用的麵包。我剛好跟市裡的小麥農家關係很好，能用在地的材料來做很棒。」

「那麼就再找找目前接觸過的業者，來做平日在地人也會來的料理民宿吧。只考慮觀光客很無聊啦。」

[89] 產地直銷店的典型商業模式，是匯集在地農家的農特產品，再扣掉約賣價百分之二十的手續費後，支付給農家。這種做法利潤微薄，收成不佳等因素也讓營收相當不穩定。因此，大多像公路休息站那樣，運用國家的補助金開發店面，再由地方政府每年支付數千萬至數億日圓委託費來營運。然而，岩手縣紫波町紫波市集的產地直銷店，引進縣內財力雄厚的大型漁獲批發公司直營魚店，還有實力堅強的肉店進駐，確保有固定收入；此外，建築採用經濟實惠的木造，地板以 DIY 方式塗裝等致力改善經營績效，因而獲得融資。經過融資審查強化事業，也可能成為地區的助力。

我贊成佐田的意見。

「如果在地人平常就會來的話，外地朋友來的時候也會幫忙介紹吧。」

「這樣的話，設計稍微改一下比較好。」

野野村這麼一說，佐田又叮嚀了幾句。

「不過，最近那些大餐廳開始在像我們這種地方蓋料理民宿了。我們要貫徹只有在地人才能做的事，生意重要的是不能跟其他人做一樣的，而是必須構思做出差異化、異常突出的企劃。但就算是這樣，對事業計畫帶來適當壓力的融資遠比補助金有幫助多了。借錢比別人給錢好啦。」

❖

先前因為我被跟公部門的合作拖累，還有佐田遭逢意外等，讓我們這段時間疏於**傳播資訊**⑩，視察參訪因而減少，現在重新開始接受申請。雖然參訪團數量逐漸回升，有件事卻讓我非常在意。

「最近那些來視察參訪的人，後來會繼續來找我們商量，討論那些他們在自己家鄉的計畫呢。」

「因為他們來的時候，現場說明能夠傳達的還是有限。」

⑩ 在各地推動專案，除了活動等顯而易見的部分，還有許多看不見的事業，保持沉默的話沒人會注意到。此外，藉由事業發現在地的問題點、優勢等，如果只有自己認同，無法讓其他人有同感。自己設立傳播這些資訊的網站，發行刊物或整理年度事業報告書發送，鄉鎮市地區更需要這樣「主動傳播資訊的方法」。積極傳播資訊可說是必要的業務。

田邊回應佐田這番話。

「那就組織僅限來參訪的人參加的團體吧。一方面個別應對很辛苦，限制在來過我們這裡的人的話，至少彼此關心的方向是一樣的。參訪過的人能相互認識或許很有趣。」

「也是，聽起來很有趣耶！這樣可以讓我們的夥伴增加。做公所的專案時，不是跑出個搞不太清楚的公所僱用的顧問，想做的話，那種事我們自己也能做到吧。」

我們七嘴八舌熱烈討論時，被突然響起的電話鈴聲打斷。

「啊，我來接。……是，這裡是間間間股份有限公司。」

「那個啊，說是參與過貴公司事業的東鄉，拿了我們補助金的錢之後，逃之夭夭聯絡不上了。請問是怎麼回事呢？」

「咦，東鄉？我們這裡沒有這個人耶。」

「不不不，不是這樣的吧。他拿著貴公司的名片來我們這裡，還給我們看了很多資料。」

「不、不，就算您這麼說，我們也不清楚……請稍候。」

暫時保留電話，向佐田他們說明後，還是沒人知道是怎麼回事。總之先請對方將東鄉這號人物的名片和他出示的資料傳給我們，然後掛掉電話。

好不容易正感覺回到正軌，我們眼前又飄蕩起騷動不安的氣息。

稅金任由那些徒有虛名的顧問使用，他們在各地連個事業都做不出來，難道沒有扭轉這種局面的方法嗎？我們各自陷入沉思。

❖

我們正忙於事業起步，過著沒時間處理怎麼應付名不符實顧問的日子。某天一封新郵件送到公司，信中提到希望我們出席召集中央各部會承辦人的地方創生相關會議，並在會中報告案例。

「佐田這該怎麼辦？總覺得好像不去也沒關係。」

「嗯，去了也沒什麼用吧。瀨戶去回絕。」

我以有其他要事為由拒絕，對方卻緊追不捨：「可協調更改為其他日期，請務必參加」，一來一往了好一陣子。

「他們好像希望我們無論如何都要出席，要不要兩個人去看看？再說，他們會出我們到東京的旅費。東京沒什麼其他事要辦嗎？」

佐田仰望了天花板好一會兒才回答。

「雖然為了講個一小時特地去東京實在是很那個……剛好認識的人說他開新店了，去參觀順便參加吧。先前講到跟顧問有關的也是，結果就是中央辦些奇怪的會議，一直亂撒些沒什麼用的公帑造成的啦。不好好教訓他們一次不行。」

佐田至今經歷過好幾次徒勞無益的「援助政策」，他好像想給那些人當頭棒喝，讓他們知道援助政策帶給鄉鎮市多大的麻煩，使該地陷入混亂，認真經營事業的人被當笨蛋。

❖

陰雨中，新幹線滑進了東京車站。

「今日因天候不佳，誤點一分鐘抵達，造成各位乘客極度的不便，我們深感抱歉。」

雖然是遵循標準程序，但為了一分鐘的誤點如此全力道歉的電車，只有日本了吧。這似乎表現了這個社會的壓抑。

在新幹線上讀的報紙，充斥一則則因假帳而搖搖欲墜的大企業新聞。無論做什麼，都是高層為了保障自己的利益和地位而強加不合理的標準給下屬，達不到成果就讓「說謊」正當化。說謊成為整個組織的工作，沒人有罪惡感，原因是這樣才是「成年人」，因為是「工作」吧。

我翻看著會議單位事先送來的「成功案例集」資料，旁邊的佐田光看封面就笑了出來。

「說什麼『地區活化一百選』，真是亂七八糟。這麼簡單就有一百個成功案例，小地方就不會衰敗了吧。」

結果，不管大企業或鄉鎮市的事業都一樣。相較於自己創造收益，接受不花心思的補助金，時而優先處理假帳，組織全體皆不去創造任何本質上的價值。每個人都知道這一點，卻認為不是只有自己這樣而不會產生罪惡感，更甚者還可能覺得自己是受害者。然後，使用連一家小公司都無法賴以營運的補助金，看起來運作順利地造假事業，就這麼毫不在乎地刊登於「成功案例集」。

這次的會議似乎名為「協助**成功事業橫向開展**92之政策聯繫會議」。讓各地執行國家制定的計畫大多沒有好下場，所以想出由推動成功事業的人將事業推展到多個地區的政策。

我們從新幹線下車轉搭地鐵到霞關站，抵達召開會議的機關辦公大樓，然後被引導到挑高建物一角的會議室。完成簡報檔的最後確認，一坐下，各中央單位的人接連來跟我們交換名片。大部分是些沒聽過的頭銜，完全無從得知誰比誰偉大。

「今天有勞貴客遠道前來。」

擔任主席的是某大學教授，他說明會議主旨後，轉請大家發言。今天佐田只會在問答時間回答問題，我則以「民間主導、不依賴補助金推動事業的重要性」為題發表三十分鐘演講，接著是意見交換時間。

92 鄉鎮市政策經常提及的主題之一是「成功事業的橫向開展」，基本上是以補助金援助，但作為範例的成功事業許多未利用援助制度，憑一己之力壯大。其實以補助金創造成功的事業本身就是一種矛盾，如果真的要將成功案例當作其他地區的楷模，根本不需要補助經費，因為必須重現的是自力推動的過程。

交換名片時上面頭銜寫著課長的這位名為鹿內的男子，皺著眉頭一副想請教的樣子開口發言。

「各位的事業都很棒，但說起來不過是在小地方，想辦法讓幾項事業得以持續運作吧？如果隔壁地區有了一模一樣的設施，該怎麼辦呢？應該馬上就倒閉了吧？」

他似乎認為在沒人推動的地區要發展順利輕而易舉。照以前的情況，這時佐田應該會先發怒，但他這番太失禮的發言，讓我比佐田更快出言反擊。

「如果隔壁有同樣的設施，我們會推動更超前的事業。鄉鎮市的事業並非獨占。唯有一直有競爭才能成長。這樣的連鎖效應會創造出活力。就算我們失敗，別人成功，那我們就在下一個階段再加油創造出成果。就像這樣的循環。」

鹿內的手左右擺動，表現出一副你講得不對的樣子，擺出「果然是年輕人」的態度瞧不起我們。

「不不不，我不是在問你們這個。不懂問題在問什麼嗎？我的意思是，你們不就是現階段的單項事業獲得了些許成功，下次就會失敗這種程度，沒什麼了不得的案例嗎？我們在思考的是怎麼樣更確實地**在全國各地造就規模更大的成功**[93]。所以，

[93] 二宮尊德留下「積小為大」這句名言，「想做大事，在小事上的努力不能怠惰。因為積少會成多。大體上，小人常常以大事為目標，卻怠慢小事，對難以達成的事無比掛心，在能做的事上卻不努力」。連一項小事業都無法成功的人，一旦拿到鉅額預算和權限，會誤以為能立即成就大事。但無論擁有再大的預算、權限、組織，都不可能達成大於這個人器量的事。唯有那些連小事業都做不到的人，才敢說些全國規模的巨大成功之類的話，不過是大言不慚。

為此要怎麼協助才能讓各位的小事業獲得更大的成功，我提問的主旨在這裡，並不是批評你們。因為隔壁有了同樣的設施就消失不見般的小小事業呢，能在我們的幫助下，變成擴張到全國的大事業，這就是我要說的。」

他那雙手一攤靠坐在椅子上的態度，讓我大為光火。

「恕我冒昧，你們在全國各地花了數千億沒用的預算，事業幾乎都失敗不是嗎？你們擅自認定為成功案例整理在資料上，但其中有不靠補助金成功的案例，也有拿著你們補助金的案例，只是將它們混在一起來糊弄而已吧。」

會場中逐漸開始騷動。

「只做那種工作的人，還敢說我們自己背負風險在城鎮推動的事業沒什麼嗎？說什麼隔壁有了同樣的設施我們終會失敗這種程度，不覺得太失禮了嗎？請你們先，一個就好，能打造出完整的事業再來說嘴吧。」

我忽然暴怒讓鹿內有些驚訝，他兩手一攤半放棄地強調，打算結束對話。

「我們是放眼全國在討論，跟你們的眼界不同。嗯，我非常了解你的意思了。」

始終保持沉默的佐田制止正想反駁的我，開始低聲表示意見。

「那根本一開始就不需要叫我們來吧。大家圍著圓桌，叫人來東京，只想聽到你們想聽的答案，停止這種鬧劇，試著自己從零開始做看看啊。那你們馬上可以知道我們在講什麼。但我想，你們應該什麼都做不到。」

相較於直盯著的佐田，鹿內眼神飄忽。

「所以啦，我們再怎麼樣都不會成為主體喔。該如何援助鄉鎮市，還有像各位一樣的對象，這才是我們的立場。跟您的領域不同，我說領域。」

佐田繼續對顧左右而言他的鹿內窮追猛打。

「你還聽不懂嗎？什麼樣的援助才真的有用，自己沒做過事業的傢伙根本不會懂。實際上就是搞不懂才會一直開這種窮極無聊的會議吧。因為不懂才叫我們來，又只想找麻煩的話，什麼援助都不可能有用的啦！」

佐田不吐不快，說完後站起來指著鹿內。

「真是的，你可能是名牌大學畢業的，但真的是，腦子很差。」

會議室一片靜默，只有冷氣「呼」的低音縈繞。我想只過了一兩秒，但感覺如十秒般漫長。或許是在眾多長官和部下面前被罵太過震驚，又或是人生中沒被講過「腦子很差」，鹿內迅速漲紅了臉，起身打開門發出砰一聲，離開了會議室。

接著，看起來有一定地位的一位男士為了緩和氣氛，問了一個相當典型的問題：「您認為要將各位的做法推廣到全國，需要什麼樣的援助政策呢？」

佐田冷靜回應了那無趣的提問。

使用全民的血汗錢

我們近期的共識營參加者不只有內部人員，還會找全國各地有聯繫的夥伴共同舉辦。大略分成三組，密集討論「不急迫卻極重要的事項」。平常多會優先討論「急迫但不重要的事項」，只是這樣可能演變成難以判斷「我們在推動的真的是我們非做不可的嗎？」。以忙碌為藉口，擱置應解決的課題，總有一天事業會在成長過程中碰壁。因此，我們的做法是在共識營撇除所有日常業務，以中、長期的眼光來審視應做的事，以及決定要不要終止目前正在進行的非必要事項。

這次我們預訂的是滋賀縣大津的新飯店，所有人一起住宿，每晚暢飲對談，度過三天兩夜充實的時光。

今天是共識營最後一天，以「該如何對抗前陣子制定的援助政策」為所有組別的共通主題進行討論。民間自主營運的事業，總是被丟進無視能否回收的經費而遭破壞，我們必須思考如何克服這種援助政策。

在長野縣推動事業的團隊首先發言。

「真的，我們那裡也有呢。有那種平日就確實掌握資訊，然後向公所啦，還是市長啦拜託，拿相較於直盯著的佐田，鹿內眼神飄忽。

「所以啦，我們再怎麼樣都不會成為主體喔。該如何援助鄉鎮市，還有像各位一樣的對象，這才是我們的立場。跟您的領域不同，我說領域。」

佐田繼續對顧左右而言他的鹿內窮追猛打。

「你還聽不懂嗎？什麼樣的援助才真的有用，自己沒做過事業的傢伙根本不會懂。實際上就是搞不懂才會一直開這種窮極無聊的會議吧。因為不懂才叫我們來，又只想找麻煩的話，什麼援助都不可能有用的啦！」

佐田不吐不快，說完後站起來指著鹿內。

「真是的，你可能是名牌大學畢業的，但真的是，腦子很差。」

會議室一片靜默，只有冷氣「呼」的低音縈繞。我想只過了一兩秒，但感覺如十秒般漫長。

或許是在眾多長官和部下面前被罵太過震驚，又或是人生中沒被講過「腦子很差」，鹿內迅速漲紅了臉，起身打開門發出砰一聲，離開了會議室。

接著，看起來有一定地位的一位男士為了緩和氣氛，問了一個相當典型的問題：「您認為要將各位的做法推廣到全國，需要什麼樣的援助政策呢？」

佐田冷靜回應了那無趣的提問。

「得不到援助就是最好的幫助。你們這些人擬出一些不上不下的援助政策，小鄉鎮裡那些蠢蛋為了獲取補助，花時間拚命寫提案計畫、搜刮補助金。他們為了拿到你們口中的『援助』，耗費時間面對公所，反而顧不上原本應該認真面對的顧客，所以才賺不到錢。原本賺到錢的事業只要拿補助金，早晚會失敗。所以才會每年就像負債經營那樣，沉浸在一而再再而三的申請補助金之中。然後覺得我們這種不拿補助金經營的傢伙腦子有洞。讓顧客開心願意付等價金額的做法被認為奇怪，諂媚公所拿取預算補助卻被視為成功。可以告訴我以前有哪些地方是在這種情況下一片榮景的？結果就是鄉鎮市因為你們的援助變得越來越衰敗。下決心拿掉補助，反而會讓那些不敷衍了事的傢伙成就一番成果。」

一位男士插話，不是剛剛提問的那位，看起來像是上司。

「正如佐田先生所言，問希望有什麼樣的援助這樣的問題原本就不太好。你啊，像這種要自己想過再問。」

接下來在不痛不癢的一問一答中度過，結束了會議。

會後，幾個同單位的年輕人過來道歉說「那個人每次都那樣」，但這難成藉口。

該單位不少從地方政府借調到中央的人[94]，他們告訴我們：「我們平常就覺得不太對勁，但實在很難說出口……」明明每個人都覺得哪裡不對，卻沒人說。沒錯，這就是這個國家的弊病。不說出口，壓抑自己，做得跟大家一樣被認為是「成熟的做法」，因此錯誤才會不斷重演。

這類會議除了「浪費時間」，更毫無意義地讓自己心神疲累。結束之後，某種莫名的疲倦向我襲來。

我們必須對抗這類沒有意義的「援助政策」。像那樣的傢伙推動的糟糕政策越多，一定會讓鄉鎮市變得越來越奇怪。

許多智庫和顧問出席這項會議，很多人巧妙打聽出國家正在計畫的情報，先向認識的地區提案，獲取大筆預算來賺錢，是典型的賺錢手法。也就是說，想獲得預算有運作資金的智庫和顧問等，各地就算不多也想有些成績的公部門，指揮調度的大學教授，三者總是一搭一唱演出三重奏。

「不管是先前的詐欺顧問，還是今天的援助政策什麼的公所，根本不像話。我們必須想出連金流結構都全面改換，比那些傢伙早一步動作的事業才行。瀨戶，我是認真的。」

佐田滿腔熱血地訴說，要在下次共識營專注商討如何改變結構。

比起憤怒，我們更無比焦慮。鹿內那樣的人擔任地區援助政策負責人，對包含我們在內的各地都是危機。那傢伙打從心底瞧不起鄉鎮市。

94 在霞關（中央機關集中的區域）的中央機關任職的人，並非都是國家公務員考試合格者，其中也有地方政府公務員以「借調」形式來到中央工作。表面上的目的是擴大中央與地方的網絡，但也有著地方政府的企圖，藉由創造直通中央的管道，拿到高額預算或較容易被核定。等回到在地，獲得中央預算，終於進入發展階段，這些人卻被異動到其他單位。完成獲得預算的任務就被罷退。這樣的人事安排讓富熱忱的公務員失去幹勁。

使用全民的血汗錢

我們近期的共識營參加者不只有內部人員，還會找全國各地有聯繫的夥伴共同舉辦。大略分成三組，密集討論「不急迫卻極重要的事項」。平常多會優先討論「急迫但不重要的事項」，只是這樣可能演變成難以判斷「我們在推動的真的是我們非做不可的嗎？」。以忙碌為藉口，擱置應解決的課題，總有一天事業會在成長過程中碰壁。因此，我們的做法是在共識營撇除所有日常業務，以中、長期的眼光來審視應做的事，以及決定要不要終止目前正在進行的非必要事項。

這次我們預訂的是滋賀縣大津的新飯店，所有人一起住宿，每晚暢飲對談，度過三天兩夜充實的時光。

今天是共識營最後一天，以「該如何對抗前陣子制定的援助政策」為所有組別的共通主題進行討論。民間自主營運的事業，總是被丟進無視能否回收的經費而遭破壞，我們必須思考如何克服這種援助政策。

在長野縣推動事業的團隊首先發言。

「真的，我們那裡也有呢。有那種平日就確實掌握資訊，然後向公所啦，還是市長啦拜託，拿到補助金來運作，一直反覆這種『一不踩踏板就會倒下』做法的地區營造NPO[95]。最近也是，因為有筆預算跟開設吸引外國旅客的民宿有關，他們擅自在區裡組織了協會亂搞一通，結果失敗啦。」

佐田驚愕地砰一聲敲在桌子上。

「像那種殭屍一樣的傢伙會不斷在鄉鎮市產生，說到底都是因為那群混蛋分配補助金還是什麼的啦。有毒販才有人吸毒，有人吸毒才讓毒販得以生存，就是跟毒品一樣的東西。真想趕快消滅他們。」

佐田看起來非常憤怒。

「害認真做事業的傢伙被當笨蛋，就像之前那樣去報告後，講些『沒什麼的事業』之類的荒唐話，還真敢說。講啥丟一百億蓋個虧損的設施，比投資三千萬每年有三百萬盈餘的事業還厲害。腦袋到底有多大的問題，笨蛋嗎？」

我站到滿腔怒火的佐田身前，開始說明我和田邊他們的想法。

「首先，像我們這樣在各地認真推動事業的人，我認為必須認真強化我們彼此之間的合作。在此之前，籌措資金、傳播資訊等，我們都分別去做，我想接下來差不多到了必須共同進行的階段。說到底，團結就是一種力量。還有，顧問那樣的人存在十分詭異，他們只是把我們做的事整理成報告書兜售給公部門而已，那種東西絕對是我們實際在第一線經營的人來做更好。」

[95] 每年以承接公部門發包的計畫來創造營收，拿補助金來填補自己事業的虧損，只會做這些的地區營造 NPO 不計其數。因為公部門預算以單年度決算，不每年簽約就拿不到錢，因此隨時要為了獲取下一年度的事業預算而疲於奔命，就像騎腳踏車不踩踏板就會倒下，喪失思考地區裡真正需求的餘力，不少人變成只是為了維持組織而經營事業。

山形的團隊反映不同的意見。

「雖然這麼說，但現實是在地的工作很忙，去其他地方擔任顧問這種事實在很難做啊。」

確實如他們所說，但我坦白表達了內心的想法。

「我們也是用忙碌當藉口一直延宕這件事。但不就是『先專心在自己的地區就好』這樣的想法，導致了現在這種狀況嗎？」

佐田點著頭，從散在桌上的資料中拿出分發給大家的成功案例集。

「因為對他人事業提建議不是我們的本業。但就是因為這樣放任不管，才會有隨便做出的案例集(96)，還藉此賺錢的傢伙存在。我們不僅一毛錢都沒拿到，錯誤的資訊還整理登載在資料裡。所以說，我們必須想出有效率的做法，是那些傢伙絕對辦不到的，也對我們自己負擔不大。不能靠稅金啦。」

我用投影機放映事先整理的資料。

「所以我們想出一種新手法，聯合全國各地的夥伴，一起打造協助接下來才要跟上的地區的學堂，發展結合線上學習與聯合進修。雖然無法個別提供建議，但如果透過線上學習以網路傳播資訊，或是舉辦像今天這樣的聯合進修，都是可行的做法。如此一來，個別地區可以在負擔不大的情況下學習創業方法，同時接受輔導，我們必然也會因為好幾個地區合為一體，能有效

(96) 最典型的公部門調查研究是集結成功事業，將其分門別類的「案例集」。觀察成功的事業原本必須長時間追蹤，以多元深入地掌握過程。但案例集大多只是整理結果，就算好像看懂了，等到要實踐時卻完全無法參考。深入了解單一案例，多半比什麼都學、什麼都不精地知道許多案例更有幫助。

率地應對。」

田邊接著補充。

「如此一來，不僅各地不需要花費大筆預算聘請顧問，我們也幾乎能保證不會虧損。比起從三個地區各拿五百萬合計一千五百萬，從三十個地區各拿五十萬集結成一千五百萬來營運更好。五十萬這種金額，各地區不用一年就可以從事業回收。我們的原則是出資要從事業賺回來。不是常說，給條魚不如教人釣魚，就是這麼回事。」

佐田似乎從我們的發言中看見我們的成長，別有深意地點頭笑了笑。

「提到數字就很好懂耶。也就是說，目前為止是互相競捕發下來的魚，接下來每個地區要各自學會捕魚的方法，就可以不用再期待『發下來的魚』啦。跟各地想做事的人合作，確實實踐的學堂啊。聽起來很有趣，但沒目標就不好玩了。好，三年要創一百個事業，這就是目標。」

其他地區的夥伴贊成我們的提案，打鐵趁熱開始招募希望參與的地區，隨即有超過五十個地區來洽詢。這真的可行。我們為了破壞用詐欺顧問、稅金的**橫向開展**[97]而創立新事業，又為了新事業決定創設新組織，設立了官方網站。

[97] 最初以在地的民間團體自負風險、挑戰已有成果的事業為橫向開展的對象，並在全國各地針對各式各樣類似的事業給予補助金，最終卻消失得無影無蹤的情況，層出不窮。每年成功案例都被當作使用補助金的政策性工具，用過即丟。在其他地區採用獲取補助金、抄襲成功案例的做法是不會奏效的，成功的地區也因忙於應付參訪考察而衰敗。請小心不要上了這艘賊船。

學堂順利開張了。一開始回應洽詢、處理系統出錯等，手忙腳亂了約三個月，之後漸漸穩定。或許因為不斷奔走的關係，半年轉瞬即逝。

❖

第一期學堂課程即將結束那一天，突然有朋友從臉書傳來了訊息。

「這是瀨戶你們在推的嗎？」

我點開寫著「這是……」那段文字下貼的網址，瀏覽後大吃一驚。

「什麼啊！這是……」

中央居然要花費十億來推動新的學堂計畫，請那些偉大的講師在線上學習平台上場指導，還會在全國各地舉辦實質聚會，好像強制地方政府職員必須聽課。

佐田聽到這個消息後，嘖了一聲。

「這真是亂抄一通啊。」

我對自己所見不可置信，今年的追加預算剛核定，這筆錢居然用在就像完全抄襲我們計畫的內容上。講師陣容還是擔任國家委員會委員的老師？淨是些可疑的顧問。而且這一切好像全部免費，也不是，免費是騙人的，因為花了十億血汗稅金，都是從我們的盈利中支出的。

「這種金玉其外的東西，絕對做不出什麼成果。放心吧，瀨戶。我們要在當下確實表達意願的地區創立事業，一兩個都好。只要貫徹我們要確實賺到錢這件事就好。」

我內心鬥志昂揚。

❖

「各地的事業終於有個影子了，但現在才正要開始。」

半年後，第一屆參與的地區團隊結業，接連創立了事業[98]。再來是下一屆的地區入學，換成前一批參與地區以前輩身分輔導後進，建構出過去沒有的地區間的夥伴關係。不只是私部門，不少任職於地方政府的上進公務員自費邀請同伴來參加。

❖

我們團隊以多個地區聯合組建的新公司，與各地的銀行、投資家等攜手籌措事業所需資金。不是讓個別事業各自行動，每次有需要時再跟金融機關交涉，目標是創造能以組織對應投資的體制。

[98] 學堂的目的並非學完就結束，最重要的是自己從零開始創業、產出成果。為此，針對那些先行創業有成的事業，要以經營的觀點來傳達各個面向的細節，如過程、組織設計、人才錄用等，甚至必須說明根本的思考模式。在無論時機、地方或人都不同的情況下，只聽過一次演講是不可能掌握本質的。不管是花費好幾個月學習或累積實際經驗，都不可或缺。能累積結業後的前後輩關係等社會資本，也是學堂的重要作用之一。

專欄 7-1

與其他地區攜手共創話題所需的思考模式

在某特定地區創造的成果是僅限當地的。有限資源下組成的團隊也各有擅長與不擅長的，聯合多個地區彼此互補變得相當重要。

過去僅有某特定企業成長壯大後，在多個地區以連鎖店形式推展的「縱向擴張」（scale up）策略有效，現今則是在好幾個地區鬆散連結各自分散成長的「橫向擴張」（scale out）策略越來越有用。某地的特定組織和企業等力量強大，很容易變成剝削其他地區的狀態。但如果彼此日漸成長，並以此為基礎合作，在應相通、應向外宣傳等部分攜手，無論是對彼此的地區或推動的事物本身都有好處。

現在我們正在推動的項目，包括請在各地區以不動產再生等為切入點有成果的團隊，在其他地區實際推動事業時提供輔助，或是合作架構線上學習等進修系統，運用於提升前來諮詢的後進地區的進修效率。

特別是在單獨地區無法持續聘用專家、開發顯著改善生產效率的系統等部分，藉由互補式合作效果更好。今日有網際網路，所以定期會議、系統利用等都能在線上執行。工具多樣，如 Skype、Facebook、LINE、Google、Hangouts、Appear.in、Zoom 等可依環境選擇使用，個別的聯絡也有 Slack、Facebook 群組等。必須善加運用這些工具，不是地區各自分別行動，而是創造出新的合作方式。

專欄 7-2

在一地成功所產生的「自大心態」

在地區活化領域，每年都會出現受矚目又消失不見的案例。這導因於每年以各種形式製作，中央或地方政府刊行的「成功案例集」。

這些案例集是為那些正在衰敗地區推動各式各樣地區活動和事業的個人或團體，所製作的所謂成功案例解說資料，簡言之就是為了讓他們抄襲而彙整的。此外，有形形色色的表揚制度，略有成果就會立刻受矚目。

若毫不提防就刊載於成功案例集，負責人光到處演講，不知不覺就疏於照顧地區裡自己背負風險開展的事業，更會被國家請託，協助各種示範政策、參與委託計畫等，還會湧入各地方政府擔任顧問的請託。此時若隨波逐流，某種程度意味著回到與過去、與地方會衰敗的同樣結構中。從前是自己擔負風險創造事業，不知不覺不再冒險，變成幾乎都在代為執行受託的工作。雖說如此，短期來看沒有風險，還能獲得豐厚委辦費，公部門交付的顧問工作看似「可口」也是事實。

如果此時不能將公部門委託的工作限制在一定比例之下，專心於生產性可更為擴大的自主事業，更進一步精進刊載於成功案例集的內容，原本成功的事業轉瞬即逝。

在鄉鎮市只要稍成功就會備受矚目，這種時候必須更加小心。有些人像瀨戶那樣認為有更多經費必定能做更多事、相關人士會欣喜……等樂觀理由而中計，將完全「風水輪流轉」。

第八章　誰是真正的「夥伴」

插嘴他人事務的權利

鹿內毫不掩飾地使用了卑鄙的手段。

鹿內他們為了開辦用稅金推動的免費學堂，插手曾跟我們合作的其他地區，支付高額費用挖角講師等，施展離間之計。甚至要是拒絕邀請，在那些拿到鹿內所屬單位相關經費的地區，就會被間接欺壓，像是突然要求詳盡的報告，中途有人插嘴妨礙事業內容，這種做法完全像在昭告只要跟我們合作就會讓自己的工作變得難做。

德島的團體來了通電話，說明「希望能脫離你們的網絡」時，讓我們發現了這類欺壓的事實。然而，我們在對話中發現比欺壓更令人震驚的事。

「我知道鹿內做出這麼明顯的妨礙動作，但是如果我們這些鄉鎮市不合作自立自強的話，國家給的那些僅此一次的預算之類的，不是三年內就沒了嗎？就算只有一點點，如果我們自己不打造出能夠確實盈利又可以持續的做法是不行的。國家提供的謝禮、委託案等等，我認為只要拒絕掉就好了吧。」

對於我這種施壓方式，德島團體的夥伴沉重地開口。

「瀨戶先生，你這樣說是一種傲慢唷。我們有我們的生活，也有我們的家庭。討論社會要怎麼樣、地區的未來要怎麼樣之前，我們有必須撐起的明天的生活[99]。這樣輕易對我們說拒絕就好這種事，毫無道理。如果因此被國家盯上，目前正在進行的工作無法繼續下去，我們該怎麼生活呢？我覺得你們的意志很棒，也很尊敬你們在小地方一步步累積事業的做法。但不是因為這樣，就有理由連我們都必須完全依照你們的做法才行吧。我們的事由我們自己來決定。就算你們再有你們自己的正義理念，也沒有插嘴他人事務的權利。」

插嘴他人事務這樣的講法狠狠刺向我的心，讓我無法說出任何反駁的話。

「……對不起。」

掛掉電話後，我的心情難以平復，無法動作。我們所想的是正確的嗎？我想他們說的沒錯，但某些部分跟我的想法不同。唯有一點相當明確，造成衝突的主因是以「跨域合作」這樣含混不清的邀請來增加夥伴，試圖創造網絡關係。或許因為我單純一心追求表面數字的關係吧。這通電話讓我陷入省思。

[99] 地區活化的障礙是倘若以我們自己當下能否過活為優先，不管補助金或統籌分配款等都會盡量利用，短期來看這的確是合理的做法。但如此一來，事業的收益性將慢性地越來越低，或者忽視虧損的事業，自作孽的造成該地不倚靠外來援助就什麼都進行不了的負向結構。結果變成爭奪有限預算、趕跑其他人，創造以地區活化為名衍生的特權一方。就算有人對我說漂亮話、理想論，我也貫徹不靠補助金的態度，因為看到許多因「能用的資源就用」而屈服的人走上末路。假使放言為了生活別無他法，無論做什麼都點頭同意，不可能改變當地。

「我看著你決定回家，把本來要收起來的自己家變得那麼棒，看著你每天跟佐田他們一起努力的樣子，真的覺得很驕傲。有自信一點。」

從我小時候，母親就總是在我失去信心時鼓勵我，從不會因為我做得沒有其他人好而責怪我。

「嗯，嗯，謝謝。我去一下廁所。」

我高興難耐地從椅子上站起來，母親突然高聲喊。

「淳，等一下！」

我驚訝回頭，母親忽然伸手到我的頭後方。

「怎、怎麼了嗎？」

「你說不定太勉強自己了呢。看，這裡圓形禿了耶。」

用手指摸了一下，發現是在右耳後面那邊被頭髮遮住看不見的地方。我好像比自己想像得更神經緊繃。

映照在廁所鏡子裡自己的臉，眼睛下方有黑眼圈，看起來根本不像我的模樣。

不只是好朋友社團活動

午後，我來回端詳著日本地圖。

與各地合作，專案團隊人才相互交流，用學堂形式指導而非顧問方式對後進地區提出建議提高生產性，事業拓展速度加快。等我們注意到的時候，我們已經跟全國五十個以上地區共同推動開發新事業，學堂結業學生也超過兩百名。

佐田雙手抱胸仰望天花板。

「在全國多了這麼多夥伴讓人覺得很受鼓舞，但如果照現在這個樣子，結果還是各做各的，得想想可以合作的事業才行。」

大家確實各自進行自己的專案，只是這樣我們不過是「好朋友社團」。**僅僅是齊聚一堂炒熱氣氛的地區合作不會長久**[103]。必須有大家聚集在一起才得以實現的事業。

「地區夥伴攜手合作聽起來很好聽，但只是這種程度的話，跟公部門沒

[103] 在某地創造出引人注目的成果後，會受到各方邀請演講或參訪考察等，遇見形形色色地區的人士。但好不容易有機會認識其他地區的人，卻只在研討會、聚餐等場合氣氛熱絡，不會有未來。跨越各自的地區，有一同合作的「具體事項」，一起將其當作事業推動，各自扮演好自己的角色，如果無法創造合理的盈餘，跨域合作無法長久。

兩樣。」

話是這麼說，但很難有什麼具體的解決方法。為了從泥沼中轉換心情，我從座位上站了起來。

「我去冷靜一下。」

我披上外套走到室外，風已經開始變冷了。

散步走著走著，我踏進了從前曾想過要活化的附近公園。最近沒什麼時間關心在地事業，總覺得抱歉。我坐在看來寂寥的鞦韆上思索著，鹿內的臉數次浮上心頭。只有那傢伙絕對不能輸給他，不能輸。

想著想著，轉眼過了三十分鐘。

❖

這天剛好跟去其他地方輔導學堂事宜回來的田邊有約，準備去我們這裡新開的店喝一杯。現在我們還是會特意造訪在地新開的店。

可能是身體受寒的關係，一進到店裡，我的臉就異常發燙。

「不好意思、不好意思，我遲到了。」

把外套交給店員正要坐下，看到田邊身旁坐著一位眼熟的女士。

「那、那個，妳好。」

田邊見狀調侃客氣打招呼的我。

「什麼啦，突然畏畏縮縮，我不是有講？因為你在煩惱，想說能跟你商量，剛好她到附近，我就拜託她一定要來。」

對了，我想起來了，她是小我兩歲的山崎祥惠。我到宮崎進行基本功修行之旅時，承蒙她照顧。她原本在東京一家以亞洲為主要市場推展事業的貿易公司工作，後來老家的父親身體變差才返鄉。那些總是隨心所欲的宮崎大叔，在她面前也不敢造次，她就是這麼爽朗的人。

「你好，我本來還想說是不是打擾你們了。太好了，瀨戶你看起來比我想得還有精神呢。田邊說什麼瀨戶煩惱得不得了，講得很誇張，讓我擔心了一下，現在可以放心了。」

我當然說不出口「只是煩惱到出現圓形禿的程度罷了」。

「就那個這個很多麻煩事。妳也有幫忙的學堂事業讓我們在各地多了不少夥伴，但是卻不知道下一步該做什麼。還被中央的大叔盯上，推動抄襲我們的免費學堂。我絕對不會輸給那傢伙，絕對不行。」

田邊看著我笑了。

「馬上要吃飯了，結果講這麼鬱悶的話題，瀨戶先生真的是從內在到外在都陰沉！」

山崎小姐面帶憂慮地說。

「像這樣賭上面子的戰鬥，不太像瀨戶先生呢。怎麼說，不會是那大叔的陷阱吧？」

「咦，會、會嗎？」

「你雖然有點笨拙，但總是純粹在煩惱，很認真面對在地不是嗎？從好的方面來說，我覺得你對輸贏不在意，才讓你能用與佐田、田邊他們都不同的角度來看待地區。」

山崎小姐這麼一說，讓我鬆了口氣。

我不像佐田能想出事業內容來實行，不如田邊那樣點子多端，交友也不廣闊。從裡陰沉到外還容易半途而廢的我，為了努力趕上他們而焦急。此時不僅是我自己，連夥伴都被鹿內鄙視，這件事或許讓我茫然若失。

「這樣啊……。我確實太在意周遭眼光了也說不定……」

我嘆了口氣，山崎小姐噗哧笑了出來。

「怎麼在這種地方心情不好呢。各地的活動都有它難搞的地方，跟那些平常不聽人說話的專制經營者聯手，我覺得是因為有像瀨戶你這樣的人存在才可能唷。乍看好像不可靠，但大家都知道你在自己的家鄉比誰都努力。有自信一點啦。」

或許是我太焦慮，所以才看不清這些。

「我想我根本忘記最初自己為什麼想聯合其他地區一起合作了。聽了山崎小姐這番話，有種豁然開朗的感覺。」

好長一段時間沒有這樣跟朋友講些無關痛癢的話，講得這麼開心了。我帶著依依不捨的心情離開店家，送山崎小姐到車站前的飯店。

「今天真的非常謝謝。真是不能焦急呢。自己原本就沒那麼厲害，結果還打腫臉充胖子。」

「像這樣坦誠以對，也是瀨戶的長處。」

山崎小姐忍不住笑了，說完這句話揮著手，走進幽暗車站周邊唯一燈火通明的連鎖商務旅館。沒有勇氣邀她續攤，說來很符合我的個性。

身旁日光燈閃爍，我走在人車皆無的商店街，放聲大喊。

「我會加油～」

貓叫聲自遠處傳來。

❖

隔天，我改變了想法。先前光在意鹿內的挑釁、在地的批評，但我們一開始想做的是什麼？提高在地事業成功機率，以及跟那些各自在其所在地區與孤獨及阻礙對抗、推動事業的夥伴建立建設性的合作，才是我們的初衷。

實際到全國各地考察，在第一線幫忙後，我體會到大家都是孤獨的，而且就算接連失敗也不放棄，最終就會展現成果，只不過這類資訊不會呈現在檯面上。傳達包含嘗試、失敗過程等各地實踐者最真實的模樣，我想是提高各地事業成功機率並消除輕易走向申請補助金之路最快的捷徑。整理自己的思緒、一點一滴轉換成文字的過程中，我的腦海裡浮現接下來的腹案。

如果私部門自行持續發送有用的資訊，應該能減少國家所進行的那些無益的調查計畫。

我建立了一個網路社群，名為「實踐者所有、實踐者所治、實踐者所享的研究所」，邀請全國各地的夥伴加入，大家反應熱烈。特別是那些原本就對發包無用調查、發放沒有意義的補助金等存疑而辭去公所工作、現在在各地自行推動事業的人，率先表達了參與意願。

「我本來就對要我們協助那些沒意義的調查覺得大有問題，請務必讓我參加。」

「無論美國或歐洲，推動地區再生的團體一定有智庫功能，跟大學一起進行研究[104]。我們也不應該只著重在鄉鎮市的事業，必須對這個領域的未來做出更多貢獻。」

[104] 美國歷史保存國民信託（National Trust for Historic Preservation）轄下設有名為全國大街中心（National Main Street Center, NMSC）的龐大組織，負責市中心區再生。他們除了召集各地的經營者和組織高層的區域管理者、建構基金等金融體系，也進行大量研究專案來制定政策，更推動培養活躍於各地地區再生的人才成為政治家。歐洲則有城市與城鎮管理協會（Association of Town and City Management, ATCM），引領著都市中心區的再生。他們與各大學合作進行研究，分析市中心區經濟、再生相關計畫、事業的狀況；此外，與英國等各國提案新的制度，甚至市中心區管理不可或缺的課稅制度也與美國全國大街中心合作建立而取得實質成績。

在各種意見當中，決定優先處理兩項。

我在與佐田等人的例會中提議。

「聽取各地參與者的意見後，總之決定了首先要做的兩件事。第一是建立網路媒體，宣傳各地有成績的事業的推動過程。只是模仿成功案例的結果沒有意義，如果是過程應該能從中學習。其次是蒐集網路媒體上受好評的案例推出系列書籍，以便更廣為人知。如果是這兩件事，既能馬上開始，也不太需要什麼投資。我想除了學堂之外，也試著創造其他協助在地創業的做法。」

田邊看來贊成我的想法。

「瀨戶先生一直在整理返鄉後的紀錄對吧，還寄送赴各地考察時的所見所聞，收到各地的人表達的感謝。他好像很擅長這種事情，或許很不錯。」

「沒錯、沒錯，他從以前就不太會在大家面前發表，相較之下比較擅長把自己感受到的、自己所想的整理成文章呢。」

佐田也笑著贊同。

「嗯啊，瀨戶講話雖然無聊，但文章很好懂，或許很不錯呢。」

佐田能言善道，卻非常不善於整理資料。一開始就是以佐田的說明為基礎，我負責彙整。總之，他應該是認同我的文書能力，但這種說法還是太過分了吧。

「我說話很無聊，真是對不起呢……但我是認真的，這個新的網路媒體，如果由目前的組織來進行，最後我想又會變成只有我們自己的事業。所以我認為，大家一起出錢另外創一個跨域組織比較好。這樣一來，就算失敗，也不會影響我們在地的事業，這一點對其他地區來說也一樣。跟各地的事業不同，我想重要的是創造新一層次的組織。」

佐田認真回覆我的提議。

「嗯，不錯的想法，讓它確實成為事業吧。提供資訊有獲利，再分給各地，還能進一步創造出大家的流動性。我不太懂網路，這些跟田邊討論好好進行。」

「嗯，也對。我會建立收費銷售的制度，創造盈餘，**資訊並非免費**⑩⑤。截至目前為止那些免費搭便車的東西都要能確實收費，讓金流回到在地。田邊，這部分我再請教你。」

跟線上學習的情況一樣，田邊立刻為我們設計了一套明確收費做推廣的做法。倘若第一線辛苦耕耘產出的資訊能用來獲利，那麼就算不協助那些不嚴謹的調查，也能靠我們自己傳播資訊、營造事業。相較於用稅金所做的那些有始無終的調查報告，能夠提供大家更有益的內容。

「我們的目標是讓地區事業的資訊確實變成商品，先研究系統怎麼開發，再招募提供資訊的地

⑩⑤ 請託免費贈與資料等資訊，或者要求先彼此交換資訊等，除了資訊，還占用他人時間者，不在少數。自己調查、實踐來獲得資訊，需要龐大的成本。想免費取得這類資訊的想法大錯特錯。何況能從他人口中免費聽到的內容微不足道，倚仗這類資訊思索事業和政策等終將導致失敗。自己實踐所得、支付他人應得的報酬取得的資訊，才能成為助力。

區，朝設立公司邁進吧。」田邊說道。

就這樣，我們獨立設立公司的目標正式啟動。

❖

同一時期，曾說「一起合作吧」的地區捎來「想退出」的訊息。

「我們現在受託在做國家的調查計畫，被問到是不是認識瀨戶你們，回答認識之後，對方的態度突然變得很冷淡，各項檢核也變嚴格，讓我們非常難做。因為知道跟你們配合的話會有這種狀況，所以先前說的合作請讓我們退出。我是不太清楚啦，他們說你們是吹笛人[106]唷。」

在各地推動事業的夥伴，有些人從鹿內影響力可及的單位承接委託案。我們因為佐田的方針、我的失敗經驗而完全不承接這類案件，但不可能要求所有地區採取同樣的策略。他們無法對我們下手，就把矛頭指向我們的夥伴。

比起憤怒，我更覺得詫異。

相較於被當成壞人，我更震驚的是，自己認定是夥伴的人當中，居然有人更相信他們而不信任

[106] 「吹笛人」（The Pied Piper of Hamelin）是德國的鄉野傳說。一處鼠滿為患的村莊，有人吹笛聚集老鼠，引導牠們到遠離村莊的河川溺死。村民卻不願付出驅除老鼠的酬勞，惹惱吹笛人，吹笛引誘村裡的孩子跟隨，最終不知去向。因此，吹笛人被描繪為「有如把周圍拖下水的瘟神般的存在」。

我們。

「真的是，正義是什麼，連自己都越來越搞不清楚了。」

佐田依舊不以為意。

「呵呵，那傢伙這樣不過就起個頭吧。瀨戶你是吹笛人啊，不要連我們一起帶走喔。」

他像往常一樣嘎哈哈哈大笑。

「一點都不好笑，要是這樣一個個被離間的話，我們的事業也做不下去了啊……」

佐田看到我滿臉愁雲慘霧，突然一臉認真一鼓作氣。

「喔，你聽好了，接下來還是會有因為狀況嚴峻而中途退出的人，在意這種事沒什麼用啦，自己投資決一死戰的傢伙，被那些不花錢也無心拚輸贏的傢伙看不起，這種事真的很多。但是啦，**有那些不屈不撓奮戰至今的前輩，才有今天各地的成績**[107]。你這傢伙不是說自己已經清醒了嗎，怎麼又馬上被影響？要更堅定立場，不管批評還是稱讚，都比被視而不見好。」

他說到這種地步，我也無話可說了。

「……是你太習慣這種情況啦。」

[107] 沒有僅憑外來援助就可繁榮的地區。舉例來說，創辦庫拉雷（Kuraray）等大企業，如今甚至打造了供市民使用的醫院，並創設日本首座蒐集西洋現代藝術品美術館「大原美術館」的大原孫三郎，正是因為有他這樣的人物，才有今日的岡山縣倉敷市。相反地，倚仗國家預算建設都市的地區，建設完成後隨即開始衰敗，又或是成功吸引設廠的地區，等到企業整頓關閉工廠就什麼都做不了。倚仗他人的做法無法永存，還會在變化之際喪失自行因應的能力。透過在地人們自發的決心與努力，經過數十年發展，才能打造出地區。

佐田的剛毅精神，在這種時刻讓人無比安心。哭訴對事情沒有任何幫助。毫不遲疑繼續投資與夥伴聯手的在地事業，只在不違反我們原則的情況下推進跨域合作。因為我們的未來只存在於這條路上。

資金不在「中央」而在「在地」

心生貪欲、遭人背叛、飽受批評、差點失去夥伴，至今這些曲折的過程影響我至深，但也讓我領悟到改變原則會使我們的一切作為失去意義。我們的長處正是能帶著事業轉換地區，為了重新回到我們的起始之處，除了彙整各地資訊傳遞，還必須打造強化各地事業的機制。

不是「發送資訊」，也不是「協助事業」，實踐者彼此幫忙，持續於網路上討論在各地挑戰時能夠做些什麼。熱烈討論之後，除了在線上，還決定實際碰面商議，促膝長談做出結論。

「只是讓大家花旅費集合在一起，未免太浪費。既然機會難得，就請他們報告在各地實踐的情況，收取參加費吧。」

實在是太有佐田風格的提議了。田邊舉手贊成。

「光辦成研討會就不有趣了，在公開場合論辯線上討論熱烈的聯合事業，然後當場做出結論，約定半年內實現怎麼樣。名稱也不要叫研討會，標榜成高峰會。」

我也表示贊成。

「這樣的話，大家比較容易從各地來參加吧，有種認真做事的感覺。只是聚在一起吃吃喝喝，不太對得起自己在地的夥伴。」

佐田大笑著豎起食指。

「好，就這麼決定。就用高峰會的形式。貫徹有我們的風格，能確實獲利的做法吧。」

在網路上跟其他人討論後，將活動名稱訂為「地區創新高峰會」。雖然參加費設定為一萬日圓左右，開放報名後立即有超過兩百人參加。

高峰會會場是夥伴營運的藝術中心，位於東京都千代田區，廢校重生而成。廢校再利用的案例絕不罕見，但幾乎都是地方政府編列預算委託經營。這裡則是招募咖啡廳、辦公室等進駐，藉由進駐者的租金來讓廢校重生，再利用為藝術中心。這是一個好案例，說明廢校再利用也可以由私部門集思廣益，從租金收入逆算投資來達成。

❖

高峰會當天，佐田觀察了會場的情況後開心與我分享。

「大家果然都幹勁十足，把名稱訂為高峰會太正確了。」

「沒錯、沒錯，今天的酒宴看起來也會熱鬧滾滾呢。」

報告各地的案例之後，緊接著大家在會場中熱烈討論聯合事業。此時來自宮崎的南先生打斷討論起身提議。

「再大的地方，下定決心賣力推動事業的大概就只有三個人。所以啦，到現在各地都是各做各的，結果壯大不了，每個地方各自為政。我們是不是應該集結更多資金、匯集各地的盈餘，打造能持續投資各地事業的機制呢？我的意思是嘗試大家一起打造一間公司。」

佐田立即回應。

「這樣的話，我們之前實驗性質的學堂等事業，可以擴充內容後移交聯合事業公司管理。那就讓我們來創造新事業的機制，用聯合事業公司的盈餘，投資各地的計畫。」

我們順勢決議合資設立公司。雖然確定事業內容為學堂、發送資訊，以及投資各地事業等，卻不知道下一步是什麼。

山守的能登先生發言。

「關於我們現在正在進行的事業，我一直在思考除了我們在地，該怎麼推廣到全國各地。我想跟學堂事業一起進行，建立讓那些來詢問的人能確實學到技術的機制。不僅如此，山守在各地創業時面臨的資金問題，希望有辦法一併創造解決的機制。每一次都要重新跟各地的銀行交涉、說明事業內容，實在太辛苦了。」

確實如此，能登先生的想法或許不錯。

「花時間說服那些不熟悉新事業內容的銀行實在很浪費時間。如果能靠我們自己融資，就能拿利息來轉投資。」

田邊接著發言。

「從當地人集資來融資給在地的事業，也就是社區銀行[108]這樣的制度喔。要是我們可以全國一起來推行這樣的借貸機制，說不定很不錯。能夠把我們自己的事業拓展到各地，還能減少呆帳。」

「真有趣！不斷有盈餘，持續拿來重新投資於彼此的事業，就像『互助會』一樣的機制呢。」

我以最近學到的知識來應戰。

以前二宮尊德[109]讓六百個農村重生之際曾創設「五常講」互助會。由村人合資，在開發新田地時放款，獲得貸款的人償還完畢後多出資數個月份資金，作為放款給下一個人的財源，藉由複利壯大，就像現在支持著地區再生事業和基礎建設的「基金」。

[108] 有別於現有的銀行、信用金庫、信用合作社等，各地越來越多「社區銀行」，這種機制是由在地居民出資集結資金，融資給推動對當地有助益的事業的企業、NPO等，大多隸屬於非銀行金融機構。事實上，相較於只是把錢存在銀行，用於不明所以的海外投資案，有些人更想替對在地有幫助的行動出資。

資金不在中央而在地方，大家把存進在地銀行就此凍結的資金一部分拿來持續投資，鄉鎮市便可以有更大的改變。讓我們先來試著實踐這樣的做法。

最終決議以四大主軸來推動聯合事業，分別是在後進地區創造事業的「人才培育」、留下各地行動過程紀錄的「發送資訊」、將各地有成果的事業相互推廣到其他地區的「橫向開展」，以及結合針對地區事業所需資金提供投資和融資的「金融」。

先由主要地區十五個小城市的夥伴合資設立公司。「金融」部分則邀請有實際社區銀行經驗的人加入另設公司，高峰會就此順利落幕。

❖

會後的酒宴，比預期更熱鬧非凡。

「接下來就請各位舉杯……不需要長篇大論致詞吧？那就乾杯啦！」

約五十位在各地建立事業的夥伴齊聚一堂，言談間不時道出真心話，氣氛熱絡。比起白天的高峰會，晚上的峰會更熱血沸騰。

109 二宮尊德通稱為金次郎，很多日本人腦海可能會回想起小學校園裡揹柴讀書的銅像吧。年幼時因災害失去雙親的金次郎，當時就自行創業。著名的揹柴姿態並非被要求揹著木柴，而是要揹到城鎮去變賣。他晚年建立名為「報德仕法」的地區經濟開發與財政政策做法機制。從北關東（泛指關東地區的茨城、栃木、群馬三縣）開始、乃至北海道的開拓者都參考其做法，促成超過六百個農村重生。金次郎的功績在明治維新後名聞遐邇，因此在小學裡豎立前述銅像。

酒過三巡，不知道誰突然問起。

「瀨戶呢，你膽子真大，把工作辭掉回鄉，開始做這些事哩。」

「不是，其實我一開始只打算處理家裡店面歇業的事。離開老家時，還真完全沒想到我會用這種方式返鄉。從前進路輔導的老師跟我說『留在這裡也沒工作喔』，於是去了東京，就這麼留下來就職。但當我回到家鄉，跟佐田一起工作時馬上聽到他說『虧你還去了東京，到底都做了些什麼啊』，除了震驚還是震驚。」

佐田單手搭在我肩上，另一隻手拿著啤酒杯輕鬆笑著說：「我說過那種話？嘎哈哈哈！」

「這麼一想，我們的事業是不是讓更多在地的國中、高中生參與，由他們推動比較好呢？『我們家鄉就是沒望、沒有未來，沒有任何能做的』，要把這些大人的成見直接講給孩子們聽嗎？的確可能困難重重，但還是有很多能做的事。當然有些事是離開過家鄉才能學會的，像瀨戶在東京學到的那些細緻的文書處理能力，偶爾還是有點用的，大概十萬年一次，很～偶～爾。」

能登先生在旁幫我說話。

「不是啦、不是啦，要是沒有瀨戶，今天也不會有這樣的聚會了。大家都會說，但是太不拘小節啦。」

「謝謝，真的就是這樣。每次佐田都滿口漂亮話，結果那些麻煩事都變成我的責任啦。」

佐田避開我哀怨看著他的眼神，一貫地一笑置之。

「那就是你的優點啦，有優點不是很棒嗎？」

真拿他沒辦法，我半無奈地將視線轉向能登先生。

「但就像能登先生說的，我們一直專注於重新教育成人，說真的，或許我們應該思考下一個世代，那些在地的中小學生或高中生等，想想能為他們做些什麼。」

能登先生大力點頭。

「我們那裡的林業高中廢校了，跟普通高中合併已經有一段時間。當然原本的林業高中有它的問題，但都是普通高中，會讓創造在地特色產業的途徑越來越減少消失(110)。現在這種只看成績好壞來決定一個人的價值，缺乏多樣性的教育，真的虛耗光陰。很多在大都市以外出生長大的孩子，認為在家鄉什麼都做不了，就放棄去了東京呢。因為大人早就放棄了。」

佐田雙手抱胸陷入沉思。

「這樣的話，我們必須打造符合當今時代的學校。說到教育，比起教那些沒有未來的阿伯阿公，如果是還有未來的年輕人，讓人幹勁倍增呢。何況真實的『場域』是最棒的學習場所。我們的事業讓更多年輕人參與吧。新的聯合公司也是，一定要讓各地年輕人加入當員工、幹部。我們早就都是老頭了啊。」

(110) 過去鄉鎮市有農林漁業、食品加工業、商業等多樣化的產業，但現在無論哪個地區，產業都在萎縮，職業高中漸被淘汰，大多剩下以東京為首、由成績排名評斷的普通高中，讓人才視其學力離開當地。人才外流、不同產業的教育也未與時俱進，終至窮途末路。無論農林漁業或商業，都需要建立讓學生接受符合現今時代新事業教育、在地實踐和生活的機制。

等我回過神來，發現自己傾身向前。曾經離開家鄉到東京的我這時更明白，無論大人或小孩，大多認為家鄉沒有機會。

「你的想法很讚耶！！讓他們透過實務經驗來學習，甚至把打造學校訂為目標。太有趣了！」

「那就讓瀨戶負責吧。」

「咦！」

像過去的自己那樣，年輕人胸無大志隨波逐流去東京。我明白改變這樣的潮流並不容易，但不做不行。

「……嗯，我知道了。好，我來做！」

一陣歡呼後，掌聲響徹會場。

凡事都是先說出口的人要承擔責任。我想為現在的年輕人創造一種方式，讓他們及早發現那些我從前不曾察覺、當地沉寂著的機會。

在其他桌喝得酩酊大醉的南先生大聲吆喝。

「下次的高峰會～在宮崎！」

雖然這裡人人任性妄為，但活力無限這一點無庸置疑。

經過一晚，許多事項塵埃落定。與昔日任職的公司天差地別，那時總是「帶回去討論」。這一夜讓我再次體驗到，以做決定為目的，聚集一群能自行決策的人，就能立即做出判斷。

❖

報章電視大肆報導了高峰會的聯合宣言，開啟後續的發展。全國十五個地區集資一千兩百四十五萬成立新公司，學堂的主體轉移到新公司，發送資訊的事業則決定由田邊擔任負責人。

「最初的特輯要做什麼呢？真傷腦筋……」

跟我及佐田一起吃午餐時，田邊吐露心聲。

「對了，之前高峰會晚上，各地夥伴帶來那些超級失敗的案例，大家不是講得很開心嗎？成功案例被廣為介紹，各地發生的失敗故事卻沒人整理。」

田邊捧腹大笑。

「不愧是佐田先生！失敗案例集！這樣好像會有超多故事從各地提供過來。」

「每個人都會經歷失敗，但不能重蹈覆轍。最糟糕的就是當作沒發生過。因為鄉鎮市的事業就是一直在重演類似的失敗。」

我回想起到各地考察的事。

「每個地方的人都說了同樣的話唷。說那些投入大筆稅金的事業失敗後，對他們自己在推動的事業累積有意義嗎？那些不適合小鎮尺度的大規模開發案，簡直像是一座座『墓碑』，成為鎮上的致命傷。每到傍晚就冷冷清清……」

佐田靈光乍現般指著田邊。

「沒錯！特輯名稱就決定叫『墓碑特輯』。田邊拜託你盡力啦。」

創刊特輯就這樣決定為「墓碑特輯」，集結全國各地實踐者回報的失敗案例。在從北海道到九州的眾多失敗案例中選擇十例，輔以當時的議會資料、當地報紙報導等這些曾被譽為成功案例的景況，分析為什麼推進了這樣的開發又為何失敗。

墓碑特輯甫出刊即獲出乎意料的熱烈回響，各地甚至傳來擔憂：「推出這種報告沒問題嗎？」另外，還受到這是「鞭屍行為」的批評，但我們仍然認為這是讓未來不再重蹈覆轍的參考資料而未下架。

❖

出刊數星期後，辦公室突然來了通洽詢電話。因為田邊不在，打算把電話轉給我。

「瀨戶先生不好意思，這通電話是想進一步詢問先前刊載的墓碑特輯的事。」

「咦，墓碑特輯？哪邊的報社嗎？」

「不是，他竟然說是財務省耶……不知道是不是真的那個財務省的人。」

我大吃一驚。

「總之我先接聽吧。」

深呼一口氣後，我拿起話筒。

「您好，負責人現在正好不在，我是代為接聽的瀨戶……」

「敝姓西，任職於財務省主計局。嗯，我拜讀了你們集結全國失敗案例的特輯，希望能跟您請教一下。請問您有時間嗎？」

「是，嗯，是有空……」

來自意想不到的地方的洽詢，讓我萌生一絲不安。

沒有人會為別人的錢而動

接到意料之外的財務省電話一星期後，三位身穿黑西裝的男士造訪辦公室。

表明自己是來電者的那位身形削瘦、個子不高，看起來沒啥氣勢。他身旁的人名片頭銜是股長，應該是上司吧，體格好得就像曾經練過什麼運動一樣健壯，聲音也很宏亮。最後那個人幾乎沒有發言，像是負責記錄之類。

簡單寒暄後，體格健壯的男子率先開口。

「我們一直認為投注國家預算是為了鄉鎮市的發展，沒想到演變成這樣。只是失敗的話還好一點，從來沒想過預算本身會變成民間業者的絆腳石，或是維護費用比建設還花錢，加重了地方政府的負擔。那個呢，因為各中央單位那些人不是都只會講些漂亮話，說預算執行得很成功嗎？對吧？對吧？」

他好像有尋求部下認同的習慣，每次一轉向旁邊，下屬就點頭附和，他再繼續說。

「因為你們沒有好好調查實際狀況，才讓這樣白白浪費的預算不斷流失，對吧？看吧，要更確實詢問具體案例，不能當作查核參考就是不行。」

小個子男子一臉緊張詢問我。

「是，是的。請問有、有沒有什麼其他浪費預算的案例呢？」

我終於懂了，他們是為了當作「查核」時的參考而來，查核是評斷花在地區活化的預算是否恰當。當事人理所當然不會積極將失敗資訊公諸於眾，所以他們才會盯上我們刊行的報告。

青森縣青森市的「AugA」是結合圖書館與商業設施的複合設施，被譽為緊湊城市的典範。從建設開始，最終累計花費超過兩百億預算，實際上金流卻在營運幾年後由黑翻紅，經營不善而倒閉。更甚者，公部門、在地金融機關都捲入風波造成極大騷動，市長兩度輪替後，時至今日，議員、公務員還需要減薪因應這個案例。

岡山縣津山市的「ＡＬＮＥ津山」是建設為音樂廳與商業設施的複合設施，市長為了挽救經營不善的狀況，決定由地方政府收購部分商業設施，因而掀起罷免風波，最終市長卸任。演變至今，

當地經濟界以「被叫做沒有呢津山」等自嘲，來代替打招呼。〔譯注：「ALNE津山」日文原文為アルネ津山（ALNE-TSUYAMA），「アルネ」諧音意為「有呢」〕

還有一個案例是正推動**六級產業化**(111)的山梨縣南阿爾卑斯市的「水果成熟前設施就消失不見」的例子。「南阿爾卑斯成熟農園」這個設施供應該市已成熟的水果，經營計畫敷衍了事，主要設施開業三個月後周轉不靈陷入經營困難，不到一年就破產。〔譯注：六級產業是在各級產業整合的概念下，將一、二、三級產業的一、二、三相加或相乘等於「六」所創造的新詞〕

其他還有為了促使人們從東京遷往他處或定居等，以援助地方政府的名目，招攬那些人成為農漁業等在地產業的新動力，然而補助金一旦用罄，這些移居者連農漁業權都未被賦予，就被趕了出去。另外，不乏打著地區再生事業的大旗，以粗製濫造的方式釀造出難喝的葡萄酒，導致滿山滿谷的庫存陷入愁雲慘霧的案例。這些全都是國家核可、贊助的事業，再加上目前仍在實行的事業，包括預算分配、各地實施內容等完全無法達標者、未使用國家預算僅憑私部門力量實踐的案例等，墓碑特輯廣泛介紹了各形各色的案例。

(111) 為提升農業、漁業等稱為一級產業的產業之獲利，將業務擴大到加工（二級產業）、銷售（三級產業）等垂直整合經營的形式。這種做法近年來在日本全國盛行，各地多進行類似的商品開發、運用補助金等，成果貧乏。僅是開發商品卻未能進一步推展到銷售，與商品推銷人才幾乎未參與協助有關，也就是做了就完了。

我們並不是想指謫稅金浪費的情形，只是在我們一步步累積規模不大、有盈餘的事業時，看著眼前那些投入數十億、數百億的大規模事業落入失敗，逐漸耗損我們奮戰的精神，所以想告訴他們，這對我們來說是種困擾。

「不，真的是很糟糕呢。看吧，你負責的預算不好好盯著不行喔。嗯，總之先全部都刪減好了。是吧？哈哈哈哈。」

難以想像的鉅額預算居然用這麼隨興的方式決定，了解到這一點讓我心境複雜。這些預算流向的最尾端，是自己被強拉參與的在地活動，因為貪心而好幾次陷入窘境等等，一想到這裡不免有些惱怒。

我想盡快結束談話，因此用略討人厭的方式回答。

「除了各地回報給我們的資訊，我們沒有更多訊息了……**亂撒錢的預算對鄉鎮市來說無異是毒藥、毒品**[112]，我們很樂見貴單位能更認真思考這一點。另外像學堂，只靠我們私部門就能營運了，實在不必勞煩國家特地撥預算下來，而且還整個託給外包廠商，也沒聽說各地做出什麼成果。請務必仔細觀察實際狀況。」

體格壯碩的男子沒察覺到我的意圖，仍輕鬆笑談。

[112] 許多人一開始都是抱著「能用的就用」的心態申請補助金，但獲得補助金後讓事業計畫變得敷衍了事，接著不知不覺陷入無論做什麼，沒有補助金就無法建立事業的狀況，進而尋求更大筆的補助金。就具有耐受性和依賴性來看，補助金跟毒品一樣有害。

「瀨戶先生您說得對極了～。那個，你，有沒有好好記錄下來，有嗎？亂撒錢的預算是『毒品』，完全如您所言。我們會將您的寶貴意見充分運用在預算查核上，如果還有什麼訊息再麻煩聯絡我們。」

最後我不忘替田邊推銷。

「希望財務省務必訂閱我們的雜誌呢。無須勞煩您親自到訪，就能從裡面得到最新資訊。」

訪談結束，三人翩翩離去。我不甚明白，但那些分配到鄉鎮市的預算，似乎是用比我想像更隨意的方式來決定大筆預算的使用。

無以形容的無力感向我襲來。

癱坐在桌前的椅子上，看向窗外，緩緩沉入山間的夕陽今日依然美麗。

❖

經過一段時日，某天一早醒來後隨即坐在電腦前，進行日常例行公事隨意瀏覽新聞，一則突然映入眼簾的報導讓我驚醒。

「鄉鎮市村相關預算將大幅檢討後修正」

主要媒體同時報導了細節。

對於設定目標幾乎都未達成的現實情況，國家終於開始行動了。被要求重新檢討的計畫中不少是鹿內企劃的，驚訝不已的我立刻打了通電話給佐田。

「喔，是瀨戶喔，怎麼了嗎？這麼早打來真難得。」

「那個鹿內推動的計畫，還有跟地區相關的預算，好像要重新檢討了耶。」

「什麼……？你說什麼？」

「我沒跟你說，之前有財務省的人看了田邊的失敗案例集找來辦公室。我跟他們說明近來地區政策的失敗案例，還有私部門沒有國家預算也能順利推動事業的案例，他們說會參考來重新審視預算查核，沒想到是玩真的。」

「咦～原來還有這一段啊。做那種抄襲私部門活動，隨意分配稅金又沒有成果的學堂，被刪預算是當然的啦。我還真想看看那傢伙現在臉上無光的樣子。」

「反正他不像是會就此陷入低潮的類型，應該又會取巧運作，說著『我去拿下別的預算』之類的。下次如果見到他，真期待他會是什麼表情。」

「反正又是一副像呆猴的臉吧？」

我們在話筒兩端同時笑了出來。對鄉鎮市來說如毒品的錢能少一點，確實可以讓大家不是拿「錢」，轉而認真面對「賺錢」這件事。相較於從顧客手上賺到錢，沒有任何一個地區或國家更優先發展去跟政府要錢，這是我們得出的結論之一。

「不過我們就是認真面對自己的事業啦。各地的事業複製推展到彼此的地區開始漸入佳境，那些學堂結業生已在各地開展超過五十個事業。光會紙上談兵的地方政府跟我們的**不同在於速度**[113]。對了，忘記之前先跟你說，瀨戶，我要買廢校。」

這突如其來的發言讓我手上的手機差點滑掉。

「咦!?」

「接下來市裡的小學要整併，好像打算改成完全中小學。你有在報上看到吧？因為這樣，好幾間學校會廢校出售。瀨戶你不是在高峰會上接下任務嗎，要做在地的教育專案？」

「我是說過要推動教育事業，但應該沒講說要買廢校這種話啊……」

「我們又不是剩下很多時間，能做的時候就要做能做的事，認真的。可不能悠悠哉哉啊。」

「我沒打算慢慢來，但是那個……學校非常大耶，只有教育事業一定填不滿吧。」

我雖然欣賞佐田決斷的魄力，但買廢校實在應該另當別論。學校規模過於龐大。

「你說什麼洩氣話啦，又不是只為了在地的教育事業而買的。還能當作線上學習的攝影棚，我們的辦公室越來越窄了，也可以搬到那裡去。還能開放成隨時可使用的共享辦公室，讓那些外來的

[113] 很多時候，越是認真的人越會制定計畫，只做某種程度能預測結果、已有前例可預見效果的事。然而，鄉鎮市的事業僅能由我們自己來思索，在前途未卜的狀態下展開。過程中一邊修正方向創造成果，事後明白個中意義「原來是這樣」。唯有這類事業才能解決當地的課題，並創造出意想不到的新價值。

人用。**人口減少，明知道未來不再需要這些學校，幾年前卻還是重新改建又廢校**(114)，這樣棄之不理實在太誇張。我們以教育為主軸再利用，讓大家知道可以開心使用、確實盈利。嗯，細節明天再講！」

做得不開心不可能繼續，沒錢也無法繼續。再者是人都會變老，為了延續就必須吸引下一世代一起參與，教育事業因而有意義。雖然擔心，但或許就如佐田所說的。這樣的機會來臨時，想必就是要我們再加一把勁的時候吧。

「好，加油吧！」

就像是要說給自己聽一樣，我出聲宣示，離席走出辦公室。周遭是讓人耳膜發疼般響亮的如雨蟬鳴齊唱聲。

❖

歲月如梭，一心一意投入事業，不知不覺到了下一個夏天，秋天的腳步也漸近。日照變得和煦，轉眼蟬聲已日漸微弱。

「對了，昨天寄來邀請函，就某報社的在地事業獎頒獎典禮，那傢伙也被邀請了耶。他會是什麼表情呢？這麼久沒看到，來去看看感覺挺有趣的。」

(114) 鄉村地區極常見的例子是，無視人口減少已無可避免廢校的現實而仍然重建校舍，但校舍等硬體建設所費不貲，設施越大則營運費負擔越重。應該善用網路的函授教育等方式，重新尋求人數不多亦可經營的公立自由學校、函授學校等新模式。

聽了佐田的話，我總算想起來了。

「啊，那傢伙，你說鹿內喔。我已經完全不在意了啦。」

「那之後就這樣過了兩年了，結果那傢伙做的不過就是撒錢驅使人去做而已，沒錢就結束。聽說最後他升官無望，被流放到不知哪裡的小小政府外圍組織去了。但是不讓他收拾收拾自己的殘局不行。」

「雖然事到如今早就不重要了。他還有臉出現在我們面前嗎？」

❖

頒獎典禮當天，佐田睜大眼睛搜尋鹿內是否到場。只要事關勝負，他真的異常執著。典禮雖然依主題分別進行，交流晚宴應該會聚在一起，但還是不見鹿內身影。

「那傢伙要逃走了！」

走出會場到處找人的佐田急忙追上，鹿內在報到處剛好正要歸還名牌。佐田跑上前去。

「喔，鹿內，你居然就這樣要走人了？」

佐田擋在慌張打算溜走的鹿內跟前。我跟著追上去，自然形成鹿內被前後夾擊的狀態。

「你、你們這是做什麼！」

「說什麼做什麼，你才是算什麼，就這樣想逃回家嗎？你兩年前不是說了，沒有比我們早一步做出一番成績的話，就要道歉？怎麼一副要逃之夭夭的樣子。」

佐田猛地靠近鹿內。

「我們這兩年透過學堂，在全國創設了八十個專案，連合夥公司都開了，還建置體制讓各地事業能夠複製到彼此的地區。」

「那你呢？你怎麼樣了？你自己完成了什麼？」

「那、那種事我才不需要跟你們交代吧。我很忙。」

佐田用低沉又有威嚴的聲音說著。

「你自己不是說沒有做出比我們更好的成果就要道歉嗎？你之前那麼瞧不起別人，還有我們這些鄉鎮市，說什麼『很忙』啦。你自己說過的話，不好好做個了斷嗎！！！」

會場裡的人被怒氣沖天的佐田吸引過來，湊熱鬧地圍著我們。失去逃跑空間的鹿內最後小聲吐出一句。

「……對不起。」

「哼，連道歉都不會，什麼都不會做還敢那麼囂張。要不要先練習一下怎麼用大一點的聲音道歉。就算你拿整疊鈔票打別人的臉，人家也不會如你所願去行動啦。何況那不是你的錢，不是嗎？聽好了，像你這種傢伙一副高高在上的樣子發放出來的補助金，對鄉鎮市來說是毒瘤啦！給我好好記住了。」

「你啊，是用『沒什麼』，看不起我們這些在場的人，我們自己想方設法、背負風險，抱著許多擔憂還是撐起一個家，一步步累積成果。不只對我們，給我在大家面前好好道歉。」

鹿內目光朝下、緊握拳頭，原本就瘦小的身形縮得更小。

「……我很……抱歉。」

我替他覺得可悲。諂媚上級、對下恃強的人，下場居然如此淒涼。

「我想不會再有機會看到你這張臉，就請你多多保重啦。」

佐田好像為了恢復冷靜，留下一句言不由衷的話後，朝我使個眼色揚長而去。

❖

我們離開會場，走進巷弄裡的酒吧再喝一杯。

「以為心情會豁然開朗，結果也沒有……」

佐田冷笑著半帶怒氣。

「嗯，因為其實早就覺得一點都不重要了吧，雖然還是想說他個一句。斥責他也不會有任何改變的。就算預算刪減，反正會用其他名義核發吧。我們就做好自己能做的事。」

我哐啷哐啷攪著冰塊，佐田一臉鬱悶。

我們對抗的是誰呢？是傲慢的官僚？是補助金？是地方政府？還是在地的反對者？或是自己的欲望？不，我想這些都不是。

經年累月層積聚集而成的龐大體制(115)，讓大家只是在被賦予的工作和責任下善盡其職。然而，鄉鎮市要在新的時代持續發展，必須以「賺錢」來對抗這樣牢不可破的體制。

阻擋在我們前方的高牆太堅固，僅靠我們自己難以摧毀。即使如此，我們還是只能勇往直前繼續推動事業，一個人一個人增加認同我們的夥伴，接著便會越來越得心應手。沒有不能克服的障礙，就像夜晚終會迎來天明。

(115) 在鄉鎮市推動事業經常出現對立關係，不只在地如此，與組成社會的各種組織和人也不例外。但比起誰是明確的壞人，多半只是過去運作順利的社會機能和架構已不符合現今的時代罷了。要在這樣的情況下創造成果，表示必須改變既有做法，最終導致對立。著眼於「為什麼會對立」，就能直搗現今日本社會的病灶，發現解決問題的線索。

專欄 8-1

必須下達討人厭的決策時

從事鄉鎮市事業有時會被迫做出不得已的決斷。即使是一起推動事業至今的夥伴，如果對未來應前進的方向出現歧異，也必須毫無顧忌地直接溝通。有時可能需要結束既有事業，又或是不得不與做出違反原則行動的夥伴分道揚鑣。

高中時期，我曾以早稻田商店會的一員活動，共同參與推動的一個大叔在我終於注意到的時候，發現他居然以極為偏差的方式做事，只用自己公司的名義承接各地來的工作，未將利益歸於組織全體。雖然當時只是高中生，但我認為這種做法錯得離譜，向統籌管理者進言「如果認可那樣的做法，一切都會變得非常奇怪，應該制止他」，卻被告知「不可以插嘴他人事務」、「那個阿伯只能靠那種做法謀生，不能插嘴警告讓他倒閉」。下場就是後來那個人變成惡質顧問，在各地反覆進行近似詐欺的補助金事業，引發糾紛，甚至到跟他合作過的我們這裡來投訴。這個經驗讓我體會到，無論周遭的人說什麼，這類應該切割的人要儘早斷絕往來。

此外，因為不好開口而以隱晦的方式表達，造成很多人難以理解。舉例來說，地方政府高層自認好意來詢問「有我們能援助的部分請說」，回覆「不，我們完全不需要補助金之類的援助，還請您務必來店裡用餐」，結果惹惱對方。然而，事實就是事實，應傳達的時候必須講清楚說明白。

不應該只是將被認為是好人視為優先事項，即使被討厭也必須做出決斷。重要的是，貫徹將必須傳達的事項明確告訴對方的態度，處處迎合是沒有未來的。

專欄 8-2

忍受孤獨，串連各地嚴以律己的志同道合之士

地區活化向來是官股事業強勢的領域。如書中佐田那般自始至終堅持己見，自立自強、不斷藉由自己的事業來開闢蹊徑的人並不多見。特別是當經營狀況起伏不定而越來越憂心、精神脆弱時，就會開始想與公部門配合是不是能推動規模更大的事物。像瀨戶那樣直接涉足採用公部門預算的計畫，有時從此無法回到原本自立營運的事業模式。

未被期待有回報，只要依照計畫推進就能提升營業額，短期來看在經營上相當有魅力。毛利率約百分之二十的普通零售業，希望有一百萬的毛利，要有五百萬的營業額。客單價兩千五百元的店必須吸引兩千名客人。然而，若以公部門預算舉辦吸引人潮的活動，獲得五百萬預算，與客單價毫無關係，只要能吸引群眾就好。即使有人事費支出，進貨不會變成庫存相當划算。

只不過，事實是殘酷的。實際上，在鄉鎮市無法讓家業或自己的公司有盈餘的人，不可能在當地創造新的利益，地區整體的合併決算也無法擺脫赤字。承接僅此一次的公部門虧損活動，即使只有該公司有盈餘，也不會促成地區整體的發展。

有助於地區活化的業者，必須用放眼地區整體的「開闊視界」與讓具體事業盈利的「聚焦視界」兩者來創造具體成果，但卻幾乎不會有人認同。改變地區的民間業者，特別是為首者，本質上都是孤獨的。

因此，必須兩者兼具，邊串連貫徹前述做法的志同道合之士，同時嚴謹自律，不過於親近、相互保持緊張感持續挑戰。

終章　交棒給新人，用新方法開創新事物

掰掰，閉門商店街

「那麼接下來，我宣布第十屆股東大會開始。」

間間間股份有限公司第十次的股東大會在社長的問候下展開。第十屆也就意味著我回到家鄉已經過了十年歲月。佐田……不是社長，社長是十七歲的高中生村田蓮。

佐田決定買下廢校後，關於購校的相關合約等，我們每次都跟市公所承辦人員吵得不可開交。出乎意料地，當時助我們一臂之力的，是過去曾讓我因公部門預算的專案陷入窘境的同學森本。森本教我們該如何在公所內協調，乃至整理合約文件等瑣碎事項。

「不不不，從前的事就讓它過去吧。我們不是從高中就認識的朋友嗎？對吧？？」

難以坦率道歉這一點很有森本的風格。他以前會把別人的話聽一半，或許是被周遭冷落後一反故態，確實執行了工作。

其實一開始的合約是「部分取得」的形式，只買下廢校的建築物，校園的開放空間、體育館等仍由公所持有並對社區開放。要不是森本，差點驚險地只買下沒有從道路進出動線的建築物，演變成我們必須自己設置道路的情況。市公所的行事依舊雜亂無章。森本事先發現了這一點，還幫我們跟權責單位溝通，讓我們能順利連同校園的一部分都買下來。

「真的是，沒想到那傢伙有派上用場的一天。」

連佐田都邊笑邊這樣說。我們後來才聽說森本在公所裡到處吹噓「在地第一筆將公共資產賣給民間的就是我」。常言道牛牽到北京還是牛，人真的本性難移。

之所以買下廢校，原本是源於高峰會後展開的教育企劃。以十歲至十五歲的族群為對象，利用週末、暑假等期間讓他們販售和改良自己製造的商品，同時學習經營相關知識。這項企劃大受歡迎，詢問如雪花般飛來，持續成長。

「沒想到這麼多人來詢問想要參加呢。」

田邊一邊把電腦開機，一邊用一副「你看吧」的樣子脫口而出。

「現在日本好像九成的家庭是公司僱員或公務員。但在一九五五年那時候，**超過半數家庭從事自營業或相關的工作**[116]，這樣一想就覺得變化極大，是不是因為大家都很焦慮啊。很多時候就算循規蹈矩去上學、認真工作，也得不到回報。」

佐田點頭附和。

[116] 現今社會中許多被視為常識的事不過是一時流行，工作方式就是其中一個例子，二戰前幾乎沒有企業採終身僱用制。自營業才理所當然。以往那種過去、現在、未來變化不大的時代雖然美好，但在社會劇烈變動的時代，工作方式再度變得流動，慢慢適應新的社會吧。在鄉鎮市也不要拘泥於過去，預先推演工作和生活的方式至關重要。

「沒錯，我們那時候班上還有好幾個人家裡在開店。最近就算問朋友的小孩，有些班上連個家裡開店的都沒有。這樣不就都是沒法教下一代怎麼賺錢的父母啦。」

在組織裡就業，每個月定期匯入薪水，如果是這樣的工作方式，很少能親眼見證金錢交易的產生過程。對自己來販售某項商品，或提供服務獲取相應報酬以營生的真實感受減少，理所當然吧。雖然隸屬於某個組織，作為社會這樣龐大體制中的一根小螺絲釘，盡到自己的責任很重要。但在我們這樣的鄉鎮市，以更小的尺度直接感受經濟、了解經營原理等應該更重要。

這樣的動機促成我們開展在地的創業課程。

課程持續了三年，達三百名孩子參與時，出現了超乎我們想像的十四歲少年。他就是村田。一開始，他尋常地販售在地商品等，到了十六歲，帶領五人小組創造截至當時最高的業績。

他創設以周邊居民為對象的代客洗衣服務，打造的流程是放學後前往各用戶家一一收集髒衣服、洗好後隔天送回，並收取下一批髒衣服。透過團隊有效率地分擔取件用戶與日期，創造出豐碩的成果。

剛開始，他們騎腳踏車把衣物送到稍遠的投幣式洗衣店，服務越來越受歡迎後不方便用腳踏車運送。他們認為來回搬運好幾趟很浪費時間，自行聯絡在地的投幣式洗衣業者，說服他們在近處開新店。村田幾乎每天放學後都泡在我

117 無論大都市或其他地區，常見閒置土地先改成計時收費停車場的情況。結果非大都市地區因為增加過多停車場造成過度競爭，讓經營計時收費停車場難以盈利，不少人就此退出市場。到處都是停車場這般滑稽的狀況，更顯得以其他用途善加利用這些閒置土地的巧思難能可貴。

們辦公室，某天他跑來找我商量。

「瀨戶先生您不是說停車場有一部分空間閒置[117]，可以把那裡分租給我們嗎？」

「咦？啊！你說那裡唷？應該可以，要做什麼？」

「先前說的在地投幣式洗衣店要在我們這裡開新店，我想讓他們開在那裡。所以能不能把一部分租金給我們？」

也就是說，他在跟我協商，想運用我們擁有的小停車場部分空間，然後請我們把轉租利益的一部分給他們。他們還與投幣式洗衣業者交涉，在新店鋪裡留設空間供自己辦公和處理衣物。他們這樣的大企圖讓我們嘖嘖稱奇。

佐田看著我們這樣一來一往討論，開心提議。

「這小子，商業嗅覺比瀨戶還敏銳。明年開始就把公司託付給村田好了？關於這片土地的未來，應該交給會在這裡長久生活的人來執行比較好[118]啦。」

「你看你又在瞎起鬨了。突然這樣講，村田會覺得很困擾吧。」

就算如村田，聽了這番話也大吃一驚。

「嗯～，請讓我想一晚。但停車場的事就先萬事拜託啦！」

說完後，村田跑著離開辦公室。

[118] 在鄉鎮市推動事業，很難避免容易變成人員固定，但人終會老去，原本抱持新想法活動的年輕人某天開始思考僵化，試圖鞏固自己在當地受敬重的地位。但要預見下一個時代進行活動，必須託付給生存在當下時代的人。至關重要的一件事是，我們要能大方接納生活在同一片土地的其他年輕人完成自己做不到的工作。

❖

隔天村田出現在辦公室，一開口就宣示。

「如果能讓我照自己的想法來做，那就請讓我當社長。」

附加「讓我照自己的想法」這樣的條件，很像村田會說的話。從他神清氣爽的表情中，我感覺到他已下定決心。

一問之下，他跟父母說「想當社長」的時候，並沒有遭到預期的反對。

「那好，瀨戶也沒意見吧。瀨戶專心進行與各地的合作事業。我也會啟動先前說的專案。」

十六歲的村田就這樣成了社長。不會事事順心如意，但我想他會在不斷嘗試、修正的過程中改變在地。接下來的時代，必須由生存在那個時代的人來決定。仔細一想，這樣理所當然的道理，現今社會卻幾乎不見前例。

❖

在家鄉推動的事業出現一個極大轉變，十年歲月讓我們獲得了信賴。

料理民宿生意興隆，連鄰近的河岸都能使用了。設置露臺座位區，在鄰接河川的河川區域內搭建住宿設施等嘗試是日本首例。前往市公所諮詢利用公園被拒於門外的時期令人懷念。我對主廚柳澤先生提起這段往事時，他非常開心地說：「磨鐵成針說得真好。」

林業和開發住宅的事業同樣進展順利，川島先生的營造廠湧入眾多洽詢。高隔熱住宅與結盟的營造廠聯合補足人手，讓人員習得技術後，每年可經手更多案件，利用閒置的工廠，**開始將木材加工等更前端的製造流程納入業務範圍**[119]。最近他們肩負起因高齡化後繼無人的森林協會，與戶外用品製造商聯手在山裡設置露營場地，種植日本栗與佐田的餐廳合作販賣栗子甜點等，發展已超出營造廠業務範圍。

從事建築設計的野野村，與我們共事時體驗如何活化既有建築，進而注意到這個領域，著手企劃其中投資收益最佳的裝潢相關商品。正當我疑惑他怎麼開始經手一些與冷漠形象不符、繽紛流行的壁紙和門窗等時，一天野野村說道「我要結婚了」，讓我詫異不已。「品味改變的背後都有個女人」，這句話說得太好了。

最早處理望月女士的不動產時，協助我們降低物業管理等基本成本的種田，一如既往經常在被佐田催促時露出為難的表情。他在分布全國各地夥伴的地區，提供物業管理顧問服務，對各地事業的公司取得初期財源貢獻良多。

田邊開始與雲端金融企業合作，從全國的聯合事業中衍生，媒合「以地區專案為對象的投融資事業」與「想出資的人」。不以東京為中心，藉

[119] 鄉鎮市事業非常重要的是，能掌握整體的價值鏈（value chain），並逐步納入內部製造。一開始只以販售為主無妨，接著應該延伸到批發、製造等前端流程，追求商品、服務本身的差異化。近來的成功案例是與在地居民合作，供應使用獨家蔬菜料理的餐廳、住宿設施，業務範疇從食物、釀酒到旅宿服務等，甚至包括零售業。即使是服務業，也講求要挑戰活用該地的獨到之處，以垂直整合方式提升附加價值。

由各地夥伴聯手，才讓建構自主金融體系變為可能。我們所具有的企劃能力，進展到連大企業都被吸引加入的階段。

大家各自年歲增長相當，都從事有成就感的工作。與他們共事的周遭人們，從他們的態度和做法中學習到新的工作方式，這樣的連鎖效應將日益擴大。

❖

剛想著這是佐田久違的來電，便聽到他用一如往昔的關西腔滔滔不絕。

「真是熱得讓人受不了啦。但是呀，我在這裡會賣力推銷的啦，不用擔心我。對了、對了，因為有很多新動向，你幫我跟大家說下次來這邊辦共識營吧。」

佐田正在奮戰之地就是濕熱的臺灣。到目前為止，我們互相在各自地區展店的店家、商品等，佐田打算推廣到亞洲各國。而且不只是一逕推銷，他似乎想輔導跟日本這些鄉鎮市同處於窘境的小城市再生事業。臺灣就是他的第一站。

「**臺灣的鄉鎮市也沉浸在補助金中不可自拔**[120]呢。說不上好或不好，他們不少政策參考日本，結果落得同樣下場。聽說最近那些日本的補助金顧問

(120) 除了日本，其他地方同樣有針對鄉鎮市的援助制度。其中又以臺灣在各方面受到日本的強烈影響，相關政策與日本極為類似。提供預算援助那些區位不佳的地區，卻演變成幾乎都是把利用援助當作目的的事業，為了維持開發完成的大型設施更加快了這些地方衰敗的速度。臺灣與日本在政策面的課題相近，所以有攜手合作的可能性。

也到臺灣來胡搞一番了。」

「連臺灣都去了啊……。生命力也太強了吧。」

「明明在日本搞到那麼失敗，還拿著補助金的幌子騙到臺灣去？雖然臺灣親日是好事……真令人頭痛啊。每次我警告他們日本人也是有騙子的，總是嚇到他們。」

「沒幾個日本人會說別相信日本人吧。」

我們兩人的笑聲透過話筒傳出來。

「啊，我約的人來了，掛啦。對了、對了，不要忘記跟大家講好共識營的時間。」

「我知道，我已經不是以前那個呆頭呆腦的人了啦。」

話筒裡傳來熱鬧的背景音，佐田沒有回答就掛斷了。反正又是不等人就跟先到場的人開喝，趁興打電話來的吧。

我發送訊息給全國各地的夥伴，邀請他們參加臺灣共識營，然後關掉電腦。今天跟家人約了聚餐，預約了在地的日本料理老店。

「村田，你不吃點好吃的，打造不出有趣的地區唷。」

村田笑著回答。

「那是佐田先生的口頭禪吧。」

「哈哈，也是啦。對了，用餐時間到了，你要不要一起來？」

「不了，我去會打擾你們吧。」

以高中生來看，村田實在太老氣橫秋，不過是個值得信賴的傢伙。我說了句「開玩笑的啦」，隨即穿上外套離開辦公室。

❖

穿過與日本料理老店相稱的氣派大門，拉開拉門說了姓名後，店員請我進入內側包廂。過去因為那些大企業在我們這裡設廠，有招待顧客的需求等，當時我們這裡有好幾間這樣的餐廳，但現在僅存這一家。

我一打開門，就聽到妻子的呼聲。

「啊，終於來啦！！也太慢了吧～」

「對、對不起。剛剛工作還沒告一段落。」

「真是的，別找藉口了，快坐下吧。」

今天是每月一次的家族聚餐，而且這天很特別，因為兼辦我女兒的百日初食宴。

母親和妻子的雙親都來到餐廳。坐在妻子位置上的，是我從前去宮崎時認識，曾在我低潮時為我來到這裡的山崎祥惠。

其實，我們會結婚，「邱比特」是高中生村田。他就任社長後最初的改革是在男性當道的公司裡請來女性董事，那位女性董事就是山崎祥惠。

我在工作中更注意到她的魅力，最後走入婚姻。

「我原本想淳會不會不結婚了啊。能在閉上眼睛之前看到孫女的臉真是開心，對吧？」

妻子馬上回應。

「淳很遲鈍對吧，因為他什麼都不說。」

全家跟著大笑。母親依舊對我毫不客氣，卻極度寵愛孫女，戳著她胖嘟嘟的雙頰，滿臉笑意。比起孩子，孫子更可愛，看起來一點也沒錯。

我們在百日初食宴固定菜色鯛魚等滿桌料理前拍了合照。平日滿口地方、社會卻時常不在家，衷心覺得這樣與家人共度的時光無比珍貴。

返鄉定居時陰暗又死氣沉沉的家鄉慢慢在轉變，現在多了好些夥伴開設的新店，蓋了觀光客會來訪的住宿設施。我個人也有幸邂逅許多人，組成自己的家庭。

商店街若採用與過去同樣的方式促進繁榮，閉門商店街要再度活絡是不可能的吧。然而，面對新的時代，那些有能力的新人才各自以新的方式、和新的人一起展開行動。**把過去留在過去，各自在所居之地，引導出對未來的解答**(121)，這樣店門重啟的那天應該會到來。我已經能預見那樣的未來

(121) 許多衰敗地區無法擺脫過往的繁榮景象。但理想的未來並非重返昔日榮景，也不是模仿其他都市，而是要以自己獨到的觀點來行動，在行動中確認方向推展。即使有時無法順利進行，也不要過度悲觀，能夠開心繼續下去，確實獲利往前進才是最重要的。

必定就在不遠處。

在鄉鎮市裡要開啟事業十分困難，堅持下去更是難上加難。我們的挑戰的價值會在五十年後、一百年後顯現，所以才有一試的價值。

「嗯，加油吧。」

我像是細細玩味現在這一刻般，用無人可聞的聲音低語。窗外的家鄉風景已跟我返鄉時大不相同，**在我眼中**⑫確實明亮又充滿魅力。

⑫ 步向衰敗的地區，最終仍端視自己如何看待它。無論在哪種狀況下，未來如何改變都充滿各種可能性。

專欄 9-1

妄想改變既有組織，不如從零開始建立

在今日變動劇烈的時代，經常必須挑戰前所未有的新事物，而要在年代久遠的組織中讓新的提案通過太費力，甚至終止舊習改換新貌都要付出莫大的努力。

即便在鄉鎮市，要重振那些現存難以改變的「年代久遠地區營造公司」的辛苦也無以形容，但另設新公司，用恰當的方式經營要有盈餘並非難事。原因在於那些年代久遠的地區營造公司有一大堆源自從前利益糾葛的虧損事業，以及高級官員轉任的無能董事等，從整頓這些開始起步，比開啟新事業更困難。要結束必須花上比開始時更多數倍的精力。

人們對失去自己容身之處、否定既有做法異常抗拒，有時是政治家出頭或在地壞傢伙大鬧一場，受到「遇刺」之類威脅，廣發「那傢伙超級糟糕」等黑函，讓我們得費心在這種無關緊要的事情上。

不仰賴既有組織，而是創設新組織，引進新人才，才是創新事物的捷徑。不知為何，日本有些人對於既有組織抱持著想方設法要重振它們的扭曲使命感。其實不管是公司或組織，終究只是人所創造的概念上的形式，無法運作就以其他東西替代更有效率。組織不過是達成目的的工具，讓完成使命、不再有作用的組織漫無目的留存下去，毫無益處。

現在的組織、當下自己的判斷，並非即是唯一。脱離組織，讓自己置身不同環境，能看見的世界將隨之改變。

終曲

故事未完待續。

瀨戶、佐田等人最後不僅在日本國內，還前進亞洲，在地由年輕世代以不同於過往的感性打造事業，這正是現今日本各地實際發生的情況。他們的事業今後將如何發展，需要更多時間來確認，但確實可預見將非常有趣，敬請期待。

在鄉鎮市的挑戰沒有終點，從一九九八年我初次造訪早稻田商店會，至今已經二十年了。當時是高中生的我也年近四十，無法總是推託自己還年輕。正因如此，倘若我們及比我們年長的世代，只是任意悲觀地認為「將來已經無望」，就應該交棒給接下來的年輕世代。至少如果不認為未來有趣，就不能站在決定未來的位置上。

今年開始，雖然推展速度慢，但我與夥伴一起和六歲到十五歲左右的孩子，創造從「小生意」

開始親身學習經營、金融的機會。雖然目前有大企業打造的職業體驗設施等，但那些設施多是以在公司就職、執行既定作業、切分時間出售獲取報酬等前提來設計「工作」。我認為真正的工作方式，或許是自行思考、擇善固執來創造實際成績，並以此獲得合宜報酬，因而能擁有善用巧思的智慧，也能自然學到對投資回收的敏感度。這使我認為，讓肩負今後時代的孩子做些「小生意」會是很好的經驗。

因此，今年（二〇一八年）七月、八月，我兩度在東京舉辦「商業冒險」（BIZ QUEST）的體驗活動，使用瀨戶內地區農家栽種的無農藥檸檬做成檸檬汁，以及使用岡山地區高級水蜜桃清水白桃做成蜜桃茶。它們是怎麼製造、販賣，參與的地區又是如何呢？讓孩子們體驗了完整流程（食譜在專業廚師協助下完成）。

對象是六歲到十二歲的兒童，七月那次是在暑假期間的週五舉辦，參加者約十人，營業額五萬三千日圓，約有兩萬日圓左右的盈餘。八月碰到中元普渡，參加者僅有六歲、八歲、十歲的三人，但營業額成長到六萬九千日圓，盈餘達三萬日圓。活動行程極為豐富，從執行成本會計、結算報告到分配盈餘等，還讓他們聽講了關於創業家精神的內容。自己親手賺到錢這樣的事實，讓孩子們臉上洋溢滿滿自信。今年下半年，我打算在全國各地開始推廣這類體驗活動，甚至讓他們學習用自己賺來的錢再行投資。

事實上，一九五〇年代，日本的總就業人口中超過半數是自營業及其家人。到了二〇一八年，這個比例卻降到剩一成。半世紀間，「工作方式」有了極大轉變，不管是個人或身處組織之內，能開拓今後未來的，應是能靠我們自己思考新的事業，再用盈餘投資未來的人才。

新事物要以新方法由新人來推動。

接續本書的故事，我想或許是各位在你們各自地區所創造的。

二〇一八年九月　秋意乍濃的一天

懇請支持

本書的任務是「增加改變在地的志同道合之士」，認同的讀者請務必助我們一臂之力。

行動！

請在社群網路平臺上，標記「#地元がヤバい本」（「い」是平假名）並分享在本書中深有同感的片段，或是「我們這裡實際上也有這樣的事」、「我想試試這樣做」等經驗。作者本人（@shoutengai）會盡力看過所有 Twitter。

藝術叢書 FI1051

寫給凡夫俗子的地區再生入門
20年實證經驗，122個地方創生關鍵詞，擺脫寄生政府、再造故鄉價值的教戰法則

作　　者　木下齊
譯　　者　林書嫻
插　　畫　安谷隆志（YDroom）
副總編輯　劉麗真
主　　編　陳逸瑛、顧立平

發 行 人　凃玉雲
出　　版　臉譜出版
城邦文化事業股份有限公司
台北市中山區民生東路二段141號5樓
電話：886-2-25007696　傳真：886-2-25001952
發　　行　英屬蓋曼群島商家庭傳媒股份有限公司城邦分公司
台北市中山區民生東路二段141號11樓
客服服務專線：886-2-25007718；25007719
24小時傳真專線：886-2-25001990；25001991
服務時間：週一至週五上午09:30-12:00；下午13:30-17:00
劃撥帳號：19863813　戶名：書虫股份有限公司
讀者服務信箱：service@readingclub.com.tw
香港發行所　城邦（香港）出版集團有限公司
香港灣仔駱克道193號東超商業中心1樓
電話：852-25086231　傳真：852-25789337
馬新發行所　城邦（馬新）出版集團 Cité (M) Sdn Bhd
41-3, Jalan Radin Anum, Bandar Baru Sri Petaling, 57000 Kuala Lumpur, Malaysia
電話：603-90563833　傳真：603-90576622
E-mail: services@cite.my

初 版 一 刷　2020年8月27日
ISBN 978-986-235-858-0

城邦讀書花園
www.cite.com.tw

定價：420元

國家圖書館出版品預行編目資料

寫給凡夫俗子的地區再生入門：20年實證經驗，122個地方創生關鍵詞，擺脫寄生政府、再造故鄉價值的教戰法則／木下齊著；林書嫻譯. -- 初版. -- 臺北市：臉譜，城邦文化出版：家庭傳媒城邦分公司發行, 2020.08
面；　公分. -- (藝術叢書；FI1051)

譯自：地元がヤバい…と思ったら読む 凡人のための地域再生入門

ISBN 978-986-235-858-0（平裝）

1. 產業政策 2.區域開發 3.日本

552.31　　109011359